LES PETITS SECRETS COUTURE

de Laisse Luciefer

Lucie FEREZ,
alias Laisse Luciefer

CreaPassions.com

Dans la même collection :

Édition : Emmanuelle Prot
Tél. : 06 14 19 44 21 / Email : eprot@creapassions.com
Graphisme / Couverture : Xavier Crauffon

Maquette : © **SOFRASECOP Prépresse**
Photographies : Luc Valigny - https://www.lucvaligny.com

Des sociétés du groupe PUBLICATIONS

ISBN : 978-2-8141-0482-2
Dépôt légal : avril 2018.
Imprimé en U.E.

HEY Dude
LIKE
Happy

SOMMAIRE

INTRODUCTION

« J'y vais mais j'ai peur ». C'est ce qu'on peut se dire quand on débute la couture. Par où commencer ? Quel matériel acheter ? Quel est le projet approprié ? Ce livre répondra à toutes ces questions et j'espère bien plus !

Une petite présentation s'impose, autant se connaître un peu avant d'aller plus loin.

Je m'appelle Lucie (alias Laisse Luciefer), j'ai 34 ans, je suis mariée et maman de jumeaux de 5 ans. Je suis nordiste d'origine et bretonne d'adoption, informaticienne de profession et blogueuse à mes heures perdues.

La couture est apparue dans ma vie en même temps que mes 2 « grums » comme j'aime appeler mes enfants. J'y ai eu recours par obligation pour faire face à des problématiques logistiques liées à des bébés mini format. De projets nécessaires à projets plaisir, la couture est devenue rapidement une passion dévorante. Petit à petit, mes placards se sont remplis de tissus estampillés coup de cœur, achats compulsifs ou dédiés à un projet spécifique. Mon mari dira qu'il y en a trop, moi je vois toute la place qu'il reste dans les autres placards de la maison. Dans la vie, tout est question de point de vue.

J'ai rapidement tenu à partager mes retours sur expériences, plus ou moins fructueux, dans un blog : http://laisselucie-fer.blogspot.fr. Je rédige donc régulièrement des articles depuis 5 ans dans lesquels je parle coup de cœur, coup de gueule, crash-test, bons plans et tutos en tout genre.

De fil en aiguille, me voilà plongée dans la rédaction du livre que vous avez en main. Je l'ai naturellement axé sur les débutantes car on commence tous quelque part. Néanmoins, il est débutant par les explications détaillées, non par des projets trop simplistes ou mal finis. J'apporte autant de soin à l'extérieur d'une création qu'à l'intérieur. Je préfère que l'on remarque que ma création est faite maison par son originalité plutôt que par des finitions approximatives. Autant éviter l'effet : « Ohh une serpillère. Non Pierre, c'est un gilet. Mais oui c'est un gilet, il y a des trous plus grands pour les bras ».

Ce livre s'adresse donc à toutes les mordues de couture (même à celles qui s'ignorent), de tous âges, de tous buts et de tous niveaux.

Les projets proposés dans cet ouvrage sont variés, versatiles et dédiés à toute la famille. Vous y trouverez des accessoires, des vêtements... Certains patrons sont proposés en plusieurs tailles, d'autres permettent des réalisations sur-mesure ou encore réversibles. Bref, j'ai cherché à vous offrir un maximum de projets possibles qui collent au mieux à ce que vous souhaitez en faire.

Enfin, je ne dissocie jamais les mots couture et plaisir. Et pour ça, chez moi, pas de moment plaisir sans moment de gourmandise. Voici la recette de mes cookies « de la mort qui tue ». Un cookie, une cousette, que demander de plus ?

COOKIES
de la mort qui tue !

POUR 27 COOKIES :

- 400 g de farine
- 1/2 sachet de levure chimique
- 1 œuf entier à température ambiante
- 250 g beurre doux ramolli
- 250 g de vergeoise ou cassonade
- 400 g d'ajouts hachés très grossièrement (chocolat, fruits secs, confiseries chocolatées, fruits déshydratés...).

Mes accords préférés : chocolat blanc + noix, chocolats noir + noisettes entières, chocolat lait + cacahuètes non salées.

Préparation :

- Préchauffez le four à 180°C.
- Dans un saladier, mélangez le beurre mou, la vergeoise et l'œuf entier.
- Incorporez la farine, la levure et les ajouts en mélangeant le plus succinctement possible.
- Mettez la préparation au frigo pour qu'elle durcisse.
- Formez des boules de 50 g et disposez-les sur une plaque de cuisson antiadhésive.
- Ne collez pas ni n'aplatissez les cookies, ils s'étaleront à la cuisson.
- Enfournez à mi-hauteur à 180°C.
- Gardez le reste de la préparation au frigo entre chaque fournée.
- Sortez les cookies après 12 à 16 mn de cuisson, le centre doit être mou et le pourtour légèrement doré. Mieux vaut pas assez cuit que trop cuit !
- Laissez refroidir et dégustez froid quand les cookies auront pris leur texture définitive.

Et maintenant, assez palabré, allons en découdre !

COUTURE ET ASTUCES

Le jargon couture

La couture regorge de mots dédiés qui peuvent vite devenir incompréhensibles quand on débute. Vous trouverez ici les termes les plus utilisés et repris dans ce livre. Il serait dommage de perdre le fil !

Appliqué
Élément décoratif composé d'une forme découpée dans un tissu et cousu sur un second avec un point bourdon (zig-zag très serré).

Arrondir les angles
Utiliser un objet rond (verre, bol, capuchon) afin d'arrondir un angle à l'origine droit.

Biais
Bande de tissu coupée dans le biais du tissu (d'où son nom) qui est ensuite pliée en 4. Il est utilisé pour les finitions afin de recouvrir les bords bruts d'un tissu. Il peut s'acheter tout fait ou se fabriquer.

Cranter
Réaliser des crans sur le bord du tissu pour donner plus de souplesse à une couture courbe (encolure, col, emmanchure, etc.). Il suffit de couper le tissu régulièrement le long de la couture en s'arrêtant à un millimètre du fil de couture.

Dégarnir les angles
Couper le surplus de tissu dans un angle pour éviter les surépaisseurs. L'angle sera plus net quand il sera retourné.

Doublure
Tissu qui sera utilisé à l'intérieur du vêtement ou accessoire. La doublure apporte de la tenue et permet de cacher toutes les coutures.

Lisière, Laize, Droit Fil et Biais

- Laize : largeur fixe du tissu. Elle est variable d'un tissu à l'autre
- Lisière : 2 bordures de 1 cm le long des 2 côtés de la laize du tissu. Elles sont parfois blanches, parfois de la couleur du tissu. Les lisières sont tissées de manière à ce que le tissu ne s'effiloche pas. Les créateurs les utilisent pour apposer leur marque et/ou les couleurs utilisées.
- Droit Fil : sens parallèle aux lisières. C'est dans ce sens que les pièces du patron doivent être coupées (sauf avis contraire) afin qu'elles conservent tenue et tombé.
- Biais : ligne orientée à 45° par rapport au droit fil. Couper dans le biais donne de l'élasticité au tissu qui pourra alors mieux épouser les formes qu'on lui demande.

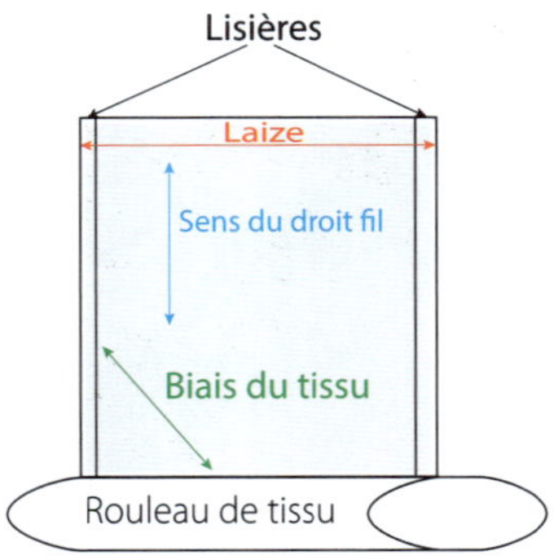

Quand dans le livre je vous parle de 20 cm de tissu, il s'agit donc de 20 cm de tissu sur sa laize. Par exemple, si la laize est de 150 cm, le vendeur va vous couper un morceau de 20 cm (en hauteur) sur 150 cm (en largeur).

Marges (ou valeurs) de couture
Marge entre la ligne de couture et le bord brut du tissu. Les marges seront donc le surplus de tissu qui restera après la couture (voir schéma page 20).

Matelassage ou Quilting
Prendre en sandwich une couche de ouatine entre 2 tissus et surpiquer (à la main ou machine) les 3 épaisseurs pour dessiner des motifs.

Ourlet
Rentré simple ou double de tissu maintenu par une couture en bas d'une jupe, pantalon ou manche.

Ouvrir une couture
Séparer les surplus d'une couture à l'aide du fer en les aplatissant de part et d'autre de celle-ci.

Passepoil
Bande de tissu coupée dans le biais, pliée en deux dans lequel on insère une cordelette maintenue par une couture.
Il est utilisé afin de souligner des coutures ou apporter de la couleur.
Il s'achète tout fait en mercerie ou se fabrique facilement.

Rentré
Faire un repli du bord du tissu vers l'envers.

Surfiler
Couture sur les bords du tissu laissés bruts afin de stopper l'effilochage. Certaines machines offrent des

points spéciaux pour cet usage sinon un point zig-zag en piquant de manière alternée dans le vide et sur le tissu fera l'affaire.

Sous-piquer
Piquer un surplus de couture afin de maintenir la doublure vers l'intérieur du vêtement.

Surpiquer
Faire une couture visible sur l'endroit du vêtement ou accessoire pour renforcer, aplatir ou fixer un élément.

Tissu chaine et trame et les stretchs
Il existe 2 grands types de tissu : les chaînes et trames qui englobent tous les tissus non extensibles (cotonnade, popeline, viscose, crêpe...) et les tissus tissés qui sont élastiques (jersey, maille, molleton...).

Anatomie d'une machine à coudre

La machine à coudre à tout un monde à elle. Pour ne pas être déroutée à la lecture d'un mot étrange, voici un petit résumé.

Bras libre
Une fois libéré, le bras libre permet de coudre des objets tubulaires (manches...).

Sélecteur de points
Permet de sélectionner le point et ses caractéristiques (largeur, longueur...).

Volant
Permet d'actionner la machine lentement à la main pour des travaux qui demandent une grande précision.

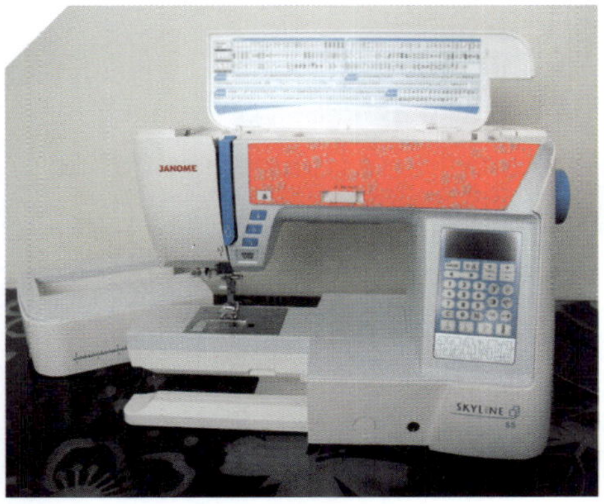

Aiguille
Aiguille qui doit être adaptée au tissu cousu.

Plaque à aiguilles
Grande plaque graduée sous le pied de biche qui permet le passage de l'aiguille vers la canette.

Griffes d'entraînement
Situées sous le pied de biche, ces griffes vont entraîner le tissu.

Pied de biche
Pièce de machine à coudre fourchue entre les deux branches de laquelle passe l'aiguille, et qui sert à maintenir et à guider le tissu.

Canette
Petite bobine qui deviendra le fil inférieur de la couture.

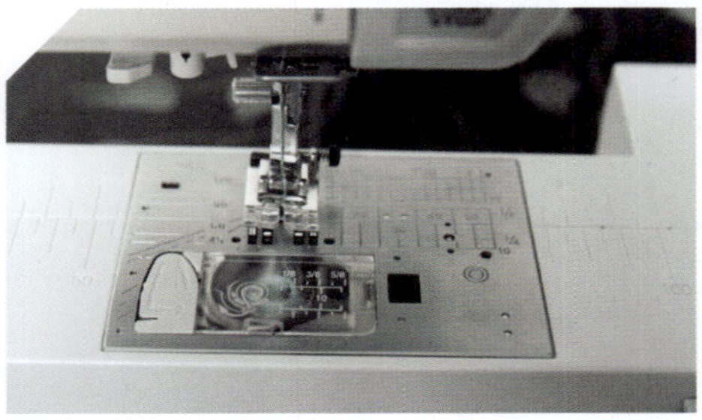

Graduations
Situées sur la plaque à aiguilles, ces graduations servent de guide pour mesurer les valeurs de couture.

Porte-Bobine
Support de la bobine.

Bobineur de canette
Support de la canette lors de son remplissage.

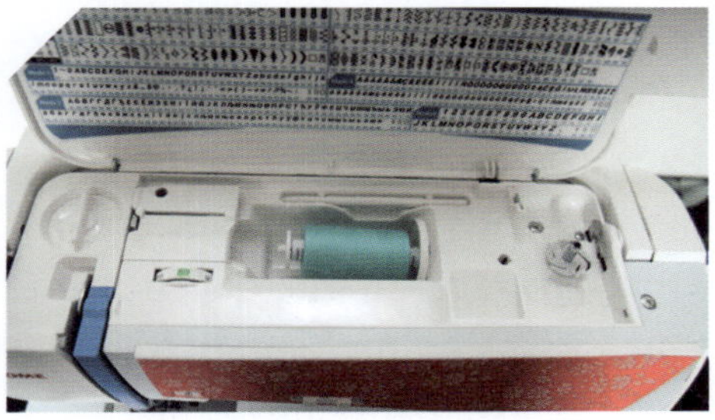

Astuce Déco

Pour apporter un petit plus à votre machine, pourquoi ne pas y apposer votre tissu favori. Pour cela, reportez sur du papier la zone de votre machine à personnaliser.
Sur une feuille de papier autocollante bi-face, coupée grossièrement à la taille de votre patron, collez un morceau de tissu. Décalquez votre patron sur le dos de l'autocollant et découpez le tout (le cutter peut être pratique). Enlevez la seconde feuille de protection et collez délicatement le tout sur votre machine, enlevez les bulles au fur et à mesure. Le tour est joué, votre machine est personnalisée et à votre goût. De quoi crâner en cours de couture !

La boite à couture

Commencer à coudre demande un petit investissement initial. En plus de la machine qui vous sera indispensable, d'autres accessoires seront nécessaires. Je vous propose une liste d'outils utiles pour vous constituer la boite à couture idéale.

LES INDISPENSABLES

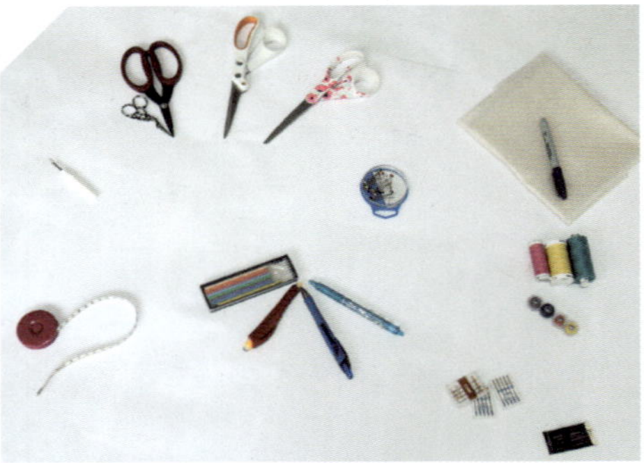

Machine à coudre et canettes : la base

- Veillez toujours à demander conseil à des magasins spécialisés (ne pas hésiter à téléphoner aux boutiques en ligne) pour choisir la meilleure machine selon votre budget. Ainsi, vous ne regretterez jamais votre achat. Vous ne prendrez jamais plaisir à coudre avec une machine récalcitrante qui enchaîne problèmes sur problèmes. Mieux vaut investir dans une bonne machine d'occasion que dans une machine neuve de piètre qualité.
- Achetez plusieurs canettes vides pour éviter le gaspillage de fil.

Aiguilles machine

Il existe des aiguilles adaptées à tous les types de tissus et notamment :

- Stretch dont le bout arrondi permet de pénétrer les fibres sans les couper
- Universelles dont le diamètre augmente avec la taille de l'aiguille (70 à 100).
- Doubles qui sont utilisées avec 2 bobines de fils et permettent de coudre les ourlets des tissus stretch (regardez l'ourlet de votre teeshirt, vous comprendrez).

Aiguilles à coudre car certaines réalisations nécessitent des finitions à la main.

Fil à coudre

L'expérience me fait dire qu'il faut privilégier le fil de bonne qualité (marques Gutterman, Mettler, DMC...). Il vous assurera de belles coutures, régulières, résistantes et surtout n'endommagera pas votre machine (je l'ai vécu). Je vous conseille d'acheter du fil polyester plus polyvalent (il s'utilise sur tous les tissus) que le fil coton réservé uniquement aux tissus en fibres naturelles. Par soucis d'économie, achetez des grosses bobines de fil (500 ou 1000 m), de couleurs de base (noir, blanc, bleu, rouge, jaune) et des plus petites bobines de fil coloré (100 ou 200 m) en fonction de votre projet.

Papier Patron

Pour décalquer les pièces des projets et pouvoir ensuite les reporter sur le tissu. Plus d'infos à la page 20.

Crayons pour marquer les tissus :

- Le crayon craie fourni avec des recharges de différentes couleurs. Les mines sont fines et peuvent être taillées. La couleur s'enlève ensuite en frottant ou avec un peu d'eau.
- Les stylos type "frixion" dont l'encre disparaît avec la chaleur du fer. Néanmoins, ils ont 2 inconvénients :
  - L'encre est toujours présente (mais non visible) et peut réapparaître en cas de température très basse. Si vous ne songez pas d'aller en Alaska, c'est le bon plan.
  - Ces crayons peuvent laisser des marques blanches sur les tissus foncés une fois l'encre disparue, on les réserve donc uniquement à l'envers du tissu.
- Le crayon type Bic ultra efficace mais à n'utiliser que sur l'envers du tissu.

Épingles

Je travaille avec des épingles fines à tête de verre (qui peuvent donc supporter la chaleur du fer). Ces épingles vont maintenir en place les pièces de patron sur le tissu au moment de la découpe ou les pièces de tissus entre eux lors de la couture.

Mètre ruban

L'indispensable à avoir toujours sous le coude.

Ciseaux pour tissus
Investissement nécessaire, ces ciseaux sont spécifiquement conçus pour couper de manière nette et précise tous les tissus. Ils ne doivent être utilisés que pour cet usage au risque de perdre leur tranchant.

Ciseaux de précision
Petits ciseaux fins et pointus pratiques pour cranter les arrondis, dégarnir les angles ou couper les fils qui dépassent. J'utilise des ciseaux micro-crantés normalement conçus pour le scrapbooking, ils sont précis, costauds et redoutables.

Ciseaux à papier
Pour couper les pièces patrons et ne pas être tenté d'utiliser les ciseaux à tissus. Pas bien !

Découd-vite
Habituellement livré avec la machine, cet outil est irremplaçable pour découdre facilement le tissu sans s'arracher les cheveux. Attention, à utiliser toujours avec délicatesse pour éviter de trouer votre tissu lors d'un geste malheureux.

Un fer à repasser
Pour marquer les plis, thermocoller, personnaliser ou donner un joli rendu à la pièce cousue : indispensable. En gros, si vous voulez coudre, il va falloir croiser le fer.

LES PRATIQUES

Tapis de coupe
Plaque de plastique auto-cicatrisante qui protège la surface de travail lors de la coupe. Je vous conseille de prendre une grande taille (A1) afin de pouvoir couper de grandes pièces de tissu en une fois. À ranger à plat (sous le lit ou le canapé) pour éviter sa déformation.

Cutter rotatif
Qui remplace petit à petit mes ciseaux à tissus. Je travaille avec une lame de 45 mm. Il coupe de manière nette et rapide des tissus fins ou très épais, inséparable du tapis de coupe.

Règle à Patchwork
Vous permettra de tracer des lignes droites sur vos tissus, mesurer vos marges de couture, tracer vos carrés ou rectangles. Attention à choisir une règle graduée en cm. Associée au cutter rotatif, elle vous permettra de couper des lignes droites sans avoir besoin de les tracer au préalable. Je vous conseille d'acheter une règle de 60 cm de long et si le budget suit une seconde plus petite de 30 cm.

LES GADGETS DONT JE NE ME PASSERAI PLUS

Pinces à relier
Remplacent les épingles pour maintenir les tissus délicats ou qui marquent (simili-cuir).

Retourne Biais
Outil génial pour retourner sans galérer de longues bandes étroites. Au placard l'épingle à nourrice qui s'ouvre en cours de route.

Aiguille à tricot ou baguettes chinoises
Idéales pour avoir de beaux angles nets.

Passe Lacet
Outil de choix pour enfiler élastiques ou cordons dans les coulisses, plus pratiques que la traditionnelle épingle à nourrice.

Pince à pressions et œillets
Pince pour poser les pressions plastiques ou métalliques, les œillets, les rivets... J'utilise la pince Vario de la marque Prym que je trouve très polyvalente.

Pressions
Belles alternatives aux boutons (qui nécessitent des boutonnières), les pressions s'utilisent partout. Il en existe en résine de toutes les couleurs et formes (étoiles, cœur, rond) ou en métal.

Poinçon
Petit outil permettant de pré-percer les épaisseurs de tissu avant la pose des pressions.

LES PIEDS DE BICHE SPÉCIAUX

Il existe de nombreux pieds de biche, parfois livrés avec la machine, parfois à acheter séparément.
Je vous liste ici les 5 pieds dont je ne me séparerai plus.

- Fermeture Éclair : habituellement livré avec la machine, ce pied permet de coudre au plus près des dents de la fermeture Éclair.
- Biais : permet de maintenir le biais plié et de le guider lors de sa pose qui permet de le faire en une seule couture.
- Passepoil : pratique avec sa gouttière qui guide la cordelette du passepoil. Ce pied permet aussi d'en fabriquer facilement.
- Téflon : indispensable de la boite à couture, le pied Téflon permet de coudre sans encombre les tissus plastiques type simili-cuir ou tissu enduit.
- Double Entraînement : idéal pour la couture des tissus stretch ou très moelleux, ce pied dissocie l'entraînement des tissus dessus et dessous pour une régularité sans pareil.

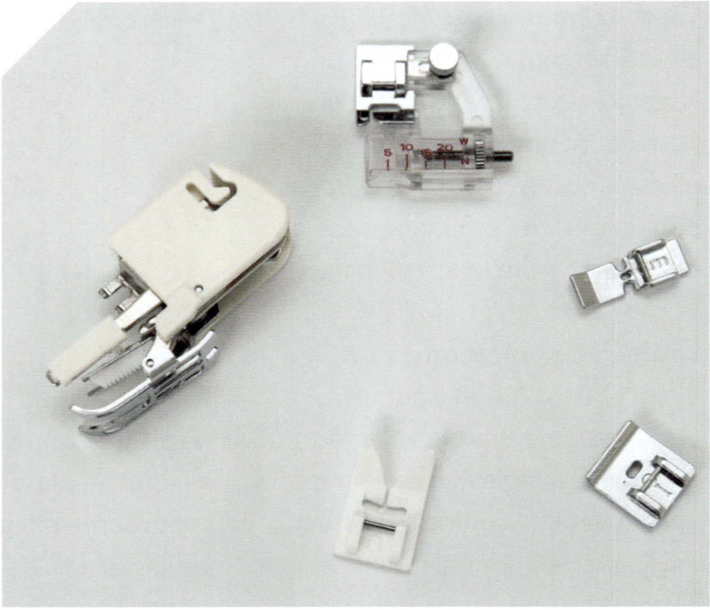

Astuces couture

Comme tout loisir, la couture requiert quelques astuces. Vous les apprendrez de manière empirique ou vous gagnez du temps en lisant ces pages. Cela vous évitera quelques crises d'énervement. Il serait dommage de remiser votre machine au placard à cause d'un projet « boulet ».

ASTUCES DIVERSES

▲ On coud à 90% du temps les tissus endroit contre endroit. Si lors de l'épinglage ce n'est pas le cas, vérifier s'il n'y a pas d'erreur. Cela vous évitera un tête à tête prolongé avec le découd-vite.

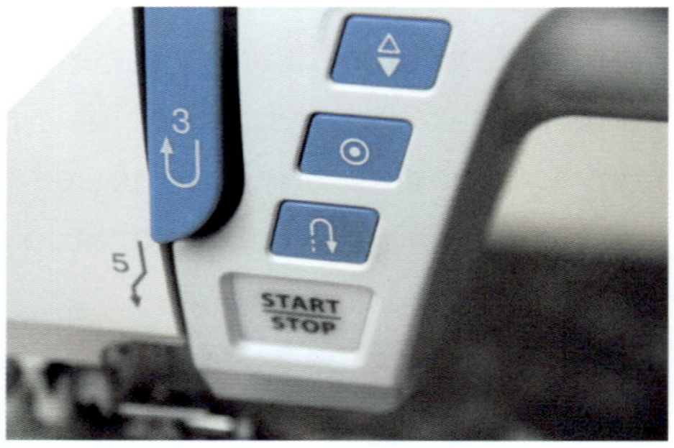

▲ Réaliser des points d'arrêt (c'est-à-dire 2 points avant et arrière pour bien bloquer les fils au début et à la fin de chaque couture). Votre machine a peut être un mode qui le fait automatiquement.

▲ Utiliser un repère visuel pour coudre à la bonne valeur de couture (distance entre l'aiguille et le bord du tissu). Elle est de 1 cm dans ce livre sauf avis contraire. Vous pouvez utiliser les graduations présentes sur la plaque à aiguilles ou coller un scotch pour avoir une mesure personnalisée. Faire des tests sur une chute de tissu la 1ère fois pour bien visualiser le repère qui vous donnera 1 cm de marge.

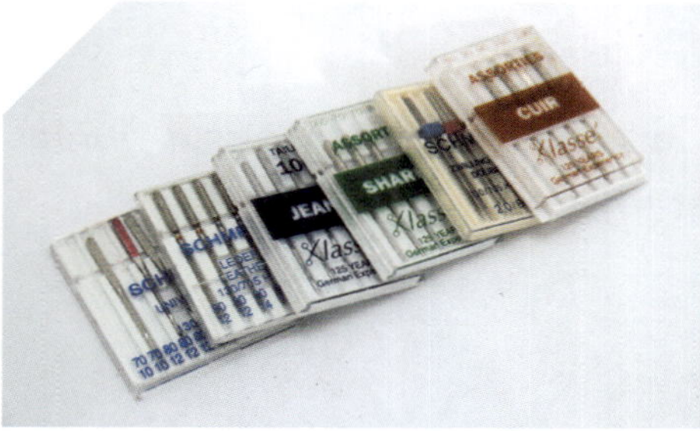

▲ Adapter l'aiguille en fonction du tissu cousu (fine, épaisse, spéciale jean, jersey, cuir...).

▲ Essayer de coudre avec du fil de qualité afin de préserver la machine et enlever de nombreux problèmes lors de la couture (tension, qualité, régularité, durabilité...). Voir page 10.

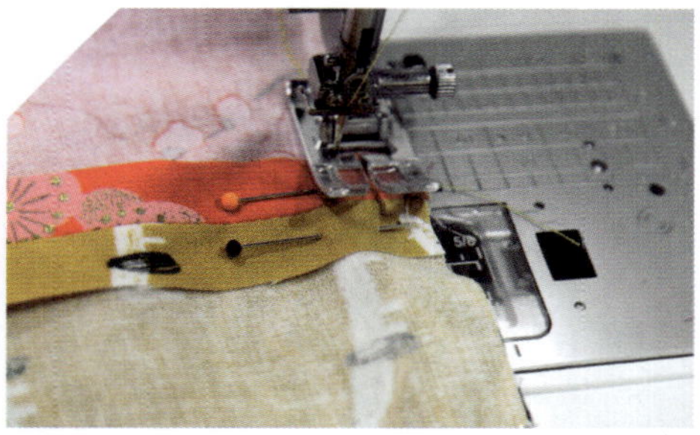

▲ Coudre en laissant les épingles lors d'un assemblage délicat en les positionnant à la perpendiculaire de la future couture. Pas de panique, ça passe sans soucis, il suffit de réduire la vitesse quand on passe sur une épingle ou aider le tissu à avancer en tirant légèrement dessus.

▲ Pour coudre joliment les arrondis, faire quelques points, planter l'aiguille dans le tissu, soulever le pied de biche pour faire pivoter légèrement le tissu. Abaisser le pied de biche et recoudre quelques points. Réitérer autant de fois que nécessaire.

▲ Pour coudre des angles droits bien nets, procéder en 2 coutures et dégarnir l'angle avant de retourner Sur la photo, vous voyez des pointillés qui symbolisent la couture.

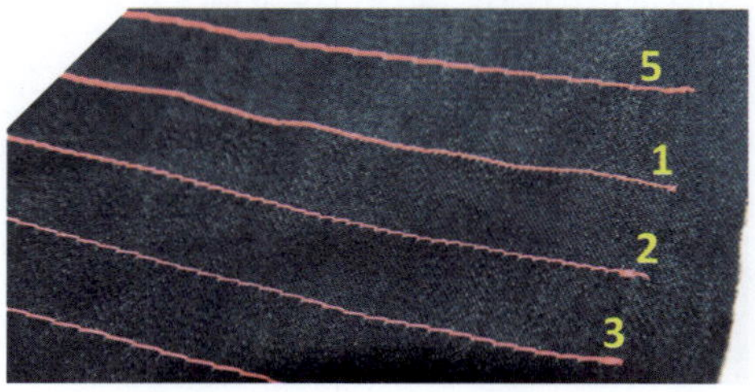

▲ Le secret d'une jolie surpiqûre est l'allongement de votre point. N'hésitez pas à faire des essais. Vos points doivent être visibles, bien distincts et réguliers. Plus il y a d'épaisseurs, plus on allonge le point (longueur entre 3 et 4, parfois plus).

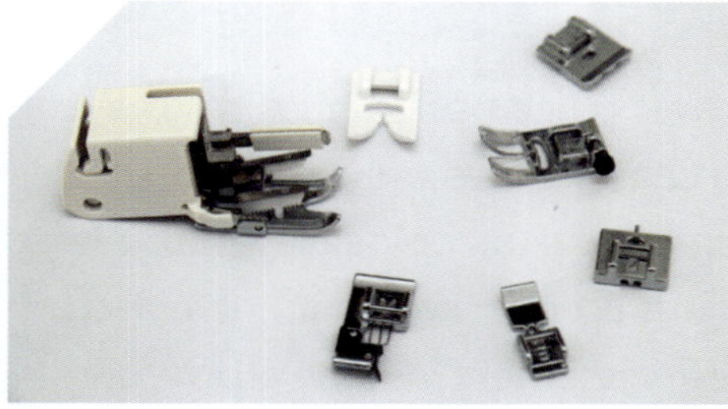

▲ Utiliser les pieds de biche adaptés à la technique cousue. Il en existe des dizaines, parfois universels qui peuvent s'acheter en mercerie ou sur le net. Pour 5 euros environ, il est parfois dommage de s'en priver car ils offrent de sacrés coups de pouce pour gagner du temps et soigner ses finitions. Vous trouverez plus d'informations à la page 12.

◀ Pas de couture sans croiser le fer ! Le fer à repasser sera votre meilleur ami pour gagner du temps et avoir des finitions nettes et propres. Alors même si on a la flemme de sortir la table et le fer, on se motive !

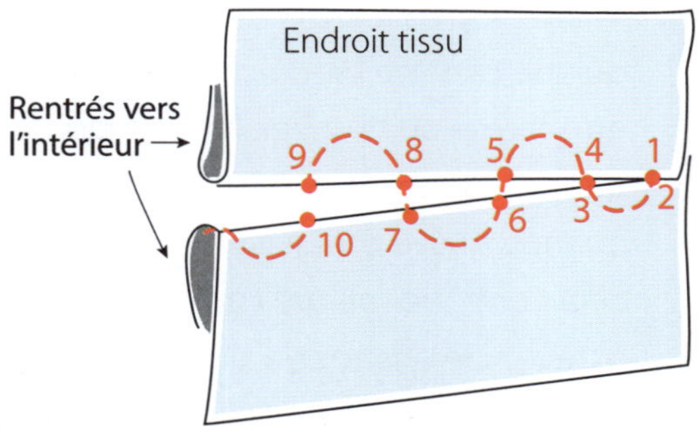

▲ Certains projets du livre nécessitent une finition à la main. Voici un schéma qui explique comment procéder. Le secret est de piquer les tissus bien en face et de faire avancer le fil à l'intérieur du repli des tissus.

LAVER LES TISSUS ?

Laver ou ne pas laver les tissus avant la couture, telle est la question ? En théorie, on devrait laver tous les tissus après achat pour prévenir d'un rétrécissement inopiné au premier lavage, d'un beau dégorgement qui fera devenir rose les caleçons du cher et tendre ou simplement pour enlever les apprêts. En vrai, je fais souvent ma flemmarde. J'applique la règle suivante : objets qui seront lavés dans le futur = tissus qui doivent être lavés avant couture. Je trouve que ça fonctionne assez bien ainsi.

COUTURE MOCHE ?

Si vous n'êtes pas satisfait(e) de votre couture (irrégularité, bouclettes qui apparaissent côté canette, points qui sautent, canette qui se bloque, bourrage...), réenfiler entièrement votre machine (bobine + canette) résout le problème à 90% du temps. Si cela perdure, je vous conseille de refaire votre canette. Il faut savoir qu'une canette bien bobinée doit être ferme au toucher, le fil ne doit pas s'enfoncer sous votre doigt quand vous la pressez. Et si jamais cela continue malgré tout, zen, essayez de changer d'aiguille. On ne se rend pas compte à quel point une aiguille émoussée, ancienne ou abîmée peut générer des problèmes. Enfin vous utilisez peut être un fil de mauvaise qualité (voir page 10) ?

ENTRETENIR SA MACHINE

Malgré ce que l'on peut lire sur la notice de la machine à coudre, il est important de la huiler. Pour cela, il faut démonter la plaque à aiguilles et enlever le porte-canette. Vous verrez au centre un petit rond, il s'agit d'un tampon. Mettez une goutte sur ce tampon et continuez jusqu'à ce qu'il soit saturé d'huile. Vous pouvez profiter du démontage pour nettoyer le compartiment sous la plaque avec le petit pinceau vendu avec la machine. Toutes les poussières et les fibres s'y accumulent et peuvent gêner le bon fonctionnement de la machine.

LES TISSUS SPÉCIAUX

Les tissus spéciaux demandent des techniques de couture particulières. Pour être correctement armé et pouvoir choisir ses tissus sans restriction, voici quelques astuces à connaître.

Comment coudre les tissus plastifiés

Les tissus plastifiés type simili cuir, enduits ou cristal ont tendance à accrocher au pied de biche. Il en résulte un mauvais entraînement du tissu et des blocages/bourrages accompagnés de violents jurons.

Il existe plusieurs solutions pour limiter cette adhérence :

- Le pied en Téflon : le must, il s'agit d'un pied fait de Téflon qui va glisser sur n'importe quel tissu plastifié.
- Le scotch invisible : recouvrir le dessous de son pied de biche par un morceau de scotch invisible.
- Le papier de soie : intercaler une feuille de papier de soie entre le pied de biche et le tissu. Après la couture, il suffit d'arracher doucement le papier de soie pour l'enlever.

Comment coudre les tissus fluides et fuyants

Les tissus type viscose, modal, tencel ou mousseline sont très souples, fuyants et difficiles à dompter. Indiana, range ton fouet, ça ne sert à rien mais ces astuces peuvent être utiles :

- Le lavage : les tissus comme la viscose ont tendance à rétrécir au premier lavage. Veillez donc à toujours laver et sécher vos tissus avant de les couper (et à acheter 5-10 cm supplémentaires).
- La préparation : amidonner les tissus avant de les couper (bombe vendue au rayon lessive du supermarché ou fabrication maison à base d'amidon de maïs). On en vaporise sur le tissu, on laisse sécher, on repasse et le tissu devient aussi facile à manipuler qu'un coton. Un tour dans la machine à laver et le tissu retrouve toute sa souplesse : c'est magique.
- La coupe : mettre toute la pièce de tissu à plat avant de le couper. Le tissu ne doit pas pendre de la table de coupe car le poids le

déformerait. Privilégier le cutter rotatif pour couper les pièces sans déplacer le tissu.

- Les aiguilles : utiliser des aiguilles universelles fines (60 ou 70) afin de ne pas marquer le tissu.
- La couture : épingler énormément que ce soit au moment de la coupe ou de la couture. Essayer de coudre en laissant les épingles.

Comment coudre les tissus extensibles ?

La surjeteuse est une machine conçue pour coudre les tissus stretch. Néanmoins, il est tout à fait possible de s'en sortir comme un chef uniquement avec sa machine à coudre.

Pour cela, il y a plusieurs règles à connaitre :

- Le lavage : de part leur tissage, les tissus stretch ont tendance à rétrécir au premier lavage. Veillez donc à toujours laver et sécher vos tissus avant de les couper.
- La découpe : mettre toute la pièce de tissu à plat avant de couper. Le tissu ne doit pas pendre de la table de coupe car le poids le déformerait. Privilégier le cutter rotatif pour couper les pièces en déplaçant au minimum le tissu.
- Les aiguilles :

- Utiliser des aiguilles machine spéciales tissu stretch. Elles sont à bout rond et pénètrent dans la maille sans casser les fibres.

- Pour de jolies finitions, vous pouvez utiliser une aiguille double. Il faut positionner 2 bobines (ou une bobine et une canette) sur la machine, l'enfiler avec les 2 fils de manière classique, enclencher le mode "aiguille double" sur la machine et coudre avec un point droit classique.

- La couture : si on souhaite garder l'élasticité du tissu, il est important de coudre avec un point élastique. Consulter la notice de votre machine pour les différencier et connaître l'usage de chacun.
- Bonus : le pied de biche à double entraînement.

Ce pied de biche spécial va entraîner séparément le tissu du dessus et du dessous. Il est très utile dans la couture des tissus stretch car il limite l'étirement et donc la déformation des tissus lors de la couture. Adieu les coutures qui gondolent !

Focus sur les tissus

Quand on débute, on peut vite être perdu parmi l'offre de tissus proposés. Il est facile de craquer sur un motif ou une couleur et rater son projet car le choix du type de tissu était mauvais.
Pour chaque réalisation du livre, j'indique les types de tissu adaptés. J'essaye d'être la plus exhaustive possible afin de vous laisser le plus grand choix en magasin.
Je passe en revue ici une partie des différents types de tissus qui peuvent exister et que vous pouvez être amené à acheter.

Chambray
Coton tissé avec un fil de couleur et un fil blanc/beige qui lui confère une couleur chinée. De la famille du denim, le chambray est plus souple et fin que son cousin mais aussi moins résistant.
Il est très utilisé dans la confection de jupe, robe, veste, chemise en fonction de son épaisseur et sa souplesse.

Cristal
Toile cirée transparente disponible sur rouleau au rayon toile cirée de votre mercerie. Il existe du cristal à paillettes, à motifs. Dans le livre, j'utilise du cristal d'épaisseur moyenne.

Jean (ou denim)
Tissé de la même manière que le chambray, le denim est une toile très résistante, épaisse et confortable à porter. Idéal pour les pantalons mais aussi les accessoires tels que les sacs.

Jersey
Le jersey est un tissu maille (tricoté, non tissé), peu froissable et extensible. Sa composition peut varier (coton, synthétique, mélange). L'avantage du jersey contenant des fibres élastiques (élasthanne, spandex...) est qu'il ne se déforme pas contrairement aux vêtements en jersey 100% coton qui vont se détendre.
Le jersey est le tissu de prédilection pour la réalisation de vêtements confortables et près du corps : legging, tee-shirt, robe, jupe...

Jersey Matelassé
Il s'agit de 2 couches de jersey matelassées avec une couche de ouatine qui lui confère un look original mais aussi beaucoup de moelleux et chaleur.
Ce tissu est idéal pour les couvertures, accessoires bébé, gilets, vestes, jupes...

Flex
Le flex est une feuille de plastique que l'on découpe aux ciseaux ou cutter et que l'on fixe au fer à repasser sur le tissu afin de le personnaliser. Il en existe de nombreux types tels que le flex classique (flocage des maillots de sport par exemple), pailleté, métallisée, velouté...Le flex tient au lavage.

Popeline de coton
La popeline est le tissu coton polyvalent par excellence. Elle est souple, opaque, douce, confortable à porter et facile à travailler. Elle peut être utilisée pour les accessoires ou les vêtements.

Batiste de coton
La batiste est plus légère que la popeline. C'est un coton fin, fluide, doux et légèrement transparent.
Il conviendra parfaitement aux tenues d'été. De part sa finesse, il est conseillé de le coudre avec des aiguilles fines (type 60 ou 70).

Minkee , doudou, douillette, teddy
Tissu synthétique, extensible, très souple avec une texture peluche des 2 côtés (les poils d'un côté sont plus longs, c'est le revers). Ce tissu est extrêmement doux et chaud.
Il conviendra à ravir à vos projets de plaids, couvertures, snoods, peluches.
Afin de bien le dompter, il est nécessaire d'épingler plus que de raison et de coudre en passant sur les épingles afin d'être certain qu'il ne bouge pas. L'idéal est d'utiliser un pied à double entraînement.

Modal
Le modal est un type de viscose, tissu fabriqué à partir de fibres de cellulose. Le modal est un tissu très fluide, souple et doux. Associé à de l'élasthanne, il devient un tissu extensible qui résiste très bien au rétrécissement.

Molleton ou sweat
Jersey épais dont l'envers est gratté (molleton) ou composé de boucles plates (sweat). Il est plus ou moins extensible selon sa composition et est idéal pour réaliser des pulls, robes, jupes chaudes et cocooning.

Molleton rigide
Il existe du molleton rigide plus ou moins épais, dont l'aspect ressemble à la feutrine, qui est utilisé pour rigidifier une pièce ou donner de la tenue (fond de sac, corbeille...).
Ce matériau peut se coudre, se laver et est indéformable. J'utilise les produits de la marque Jeffytex notamment le Jeffy.

Ouatine ou Molleton
Fibre utilisée pour donner gonflant et chaleur aux plaids, turbulettes, éléments matelassés, tapis à langer. Elle est vendue au mètre dans les magasins de tissus.

Sergé de coton
Tissu très résistant et épais de part son tissage particulier. Il est parfait dans la réalisation de trench, veste, pantalon.

Simili-cuir
Version synthétique du cuir. Il en existe plusieurs types :
- Du souple et plus fragile réservé à la confection de vêtements
- Du épais et résistant réservé à la réalisation d'accessoires en tout genre (sacs, trousses, porte-monnaies...).

Suédine
Tissu synthétique qui rappelle le daim (ou cuir retourné) par sa texture et sa douceur. Il en existe 2 types :
- La suédine d'habillement, très souple et extensible pour la confection de vêtements.
- La suédine d'ameublement plus épaisse et idéale pour la confection d'accessoires notamment les sacs.

Tencel
Issu d'une fibre végétale naturelle et ressemble beaucoup à la viscose à la différence qu'il est moins froissable. Ce tissu est utilisé pour la confection de vêtements au tombé fluide type chemises, blouses, robes...
De part sa finesse, il est conseillé de le coudre avec des aiguilles fines (type 60 ou 70).

Tissus d'ameublement
Tissus épais et résistants composés de nombreuses fibres (coton, polyester, lin...). Ils conviennent parfaitement à la réalisation de sacs, coussins ou projets nécessitant robustesse ou tenue.

Tissu paillettes
Ce tissu polyester/PVC, qui s'apparente au simili-cuir au niveau épaisseur, est recouvert d'une couche de paillettes qui se coud facilement, tient au lavage avec une bonne tenue des paillettes.
J'ai découvert ce produit chez la marque Ki-Sign et je l'utilise désormais régulièrement en touche pour apporter du bling-bling à mes créations.

Thermocollant
Famille de toiles plus ou moins épaisses, souples, tissées ou non, enduites de colle à chaud, que l'on fixe sur un tissu à l'aide d'un fer à repasser. Le thermocollant a différents usages : rigidifier certaines pièces, les renforcer, les coller entre elles (double face), les plastifier (lamifix)...
Je travaille avec les produits de la marque Vlieseline.

Velours
Tissu dont une face est recouverte de poils droits et courts qui lui donne un aspect et un toucher velouté. Il existe des velours lisses, milleraies (comportant de fines rainures ton sur ton)... Le velours a un sens que l'on reconnaît quand on le caresse : soit dans le sens du poil soit en sens inverse. Attention à couper toutes les pièces d'un patron dans le sens du poil au risque d'avoir des différences de rendu à la lumière.

Viscose
La Viscose est issue d'une fibre végétale et se travaille donc comme le coton. C'est une matière douce, fluide, opaque et absorbante. Attention, elle a tendance à rétrécir au premier lavage.
Ce tissu est utilisé pour la confection de vêtements légers type blouses, robes ou jupe d'été.

Voile de coton
Le plus léger des cotons, le voile est fin, souple et transparent. Il est souvent utilisé comme doublure.
De part sa finesse, il est conseillé de le coudre avec des aiguilles fines (type 60 ou 70).

TOUTES LES TECHNIQUES

Faire des fronces

Froncer un tissu permet d'en réduire sa largeur tout en apportant du volume à la pièce. Cette technique est habituellement utilisée dans l'habillement au niveau des manches ou sur la partie jupe d'une robe.
Froncer n'est pas compliqué mais demande de la minutie. Je vous propose 2 techniques différentes.

FOURNITURES :

Technique des 2 fils de fronce :
- Tissu
- Fil contrastant

Technique de l'élastique :
- Un élastique très fin, souple et très élastique. J'utilise le framilastic de la marque Vlieseline.
- Tissu
- Fil

DIFFICULTÉ : 2/5

Remarque

L'utilisation de 2 fils de fronces permet d'avoir un résultat plus régulier et limite la casse potentielle du fil lors du fronçage.
La technique de l'élastique ne peut être utilisée que pour un froncage léger. Si vous essayez de froncer une trop grande largeur de tissu l'élastique se cassera quand vous tenterez de le tendre.

TECHNIQUE DES 2 FILS DE FRONCES :

1

Changez votre canette pour mettre un fil de couleur contrastante. Piquez 1 ligne à 0,5 cm du bord puis une seconde à 1 cm de la précédente en réglant le point droit à la plus grande largeur possible. Veillez à laisser du mou au niveau des 2 fils en début et en fin de couture. Surtout ne faites pas de points d'arrêt.

2

Piquez une épingle à une extrémité et enroulez les 4 fils autour. Les fronces ne pourront pas se sauver par là.

3

Tirez doucement les 2 fils de canettes opposés (vous voyez que travailler avec du fil contrastant n'est pas bête du tout) et froncez doucement le tissu. Faites avancer les fronces le long des fils et répétez l'opération jusqu'à atteindre la bonne longueur.

4

Quand la longueur obtenue est correcte, piquez une aiguille à l'extrémité et enroulez les 4 fils autour. Répartissez les fronces de manière régulière.

5

Positionnez votre tissu à assembler endroit contre endroit et cousez à 1 cm du bord. Les 2 tissus doivent avoir la même largeur. La couture se trouve se trouve juste entre les 2 fils de fronces.

6

Retirez les fils de fronces en tirant délicatement sur les fils de canette. Le résultat : de jolies fronces bien régulières sans trop se prendre la tête.

TECHNIQUE DE L'ÉLASTIQUE :

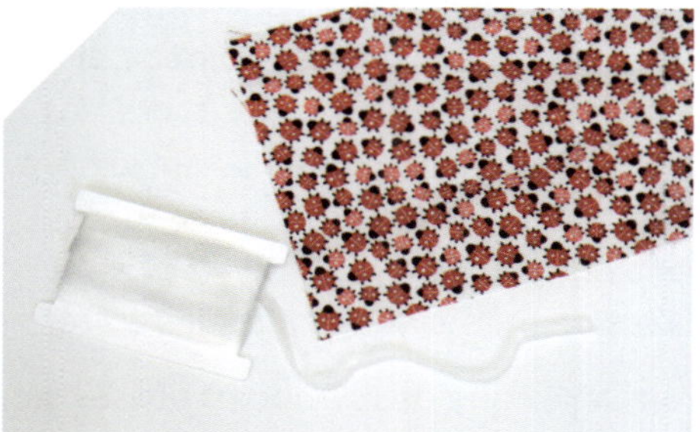

7

Coupez un morceau d'élastique de la même largeur que le tissu une fois froncé.

8

Marquez le milieu de l'élastique et le milieu de votre pièce à froncer. Épinglez l'élastique à votre pièce aux 2 extrémités ainsi qu'au centre. Piquez l'aiguille de la machine pour traverser élastique et tissu. Tirez l'élastique pour qu'il atteigne la taille du tissu. Piquez le long. En reprenant sa taille normale, l'élastique va naturellement froncer le tissu.

9

Cette technique donne une très belle régularité aux fronces. Il ne reste qu'à assembler les pièces en cousant en dessous de l'élastique afin que la couture ne soit pas visible.

Patronner, découper le tissu et thermocoller

UN PATRON ? QUI, QUOI, QU'EST-CE ?

Après avoir choisi vos tissus (l'étape la plus jouissive), il va falloir découper les différentes pièces qui composent votre projet. Le patron est un ensemble de pièces 2D qui une fois assemblées donneront un résultat 3D.
Vous trouverez les pages patron en taille réelle jointes au livre. Repérez sur la page consacrée au projet la référence de la page patron et la couleur des pièces du projet. J'indique le nombre de pièces à reporter. Certains projets ne se réfèrent pas aux pages patron, ils détaillent directement les formes à couper dans les explications.

Pas de panique ! À chaque fois tout est bien détaillé, il n'y a qu'à se laisser guider.

1- LES MARGES DE COUTURE

La marge de couture est l'écart entre une couture (où va piquer l'aiguille) et le bord brut d'un tissu. Il en résulte un surplus de couture de la valeur de la marge choisie.

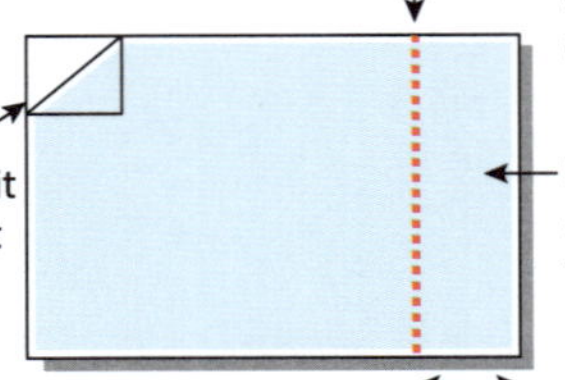

Avant de reproduire les pièces d'un patron, il faut au préalable savoir si les marges de couture sont comprises (dans ce cas on pourra reporter les pièces telles quelles) ou non comprises (et il faudra les ajouter autour des pièces aux futures coutures d'assemblage).

Dans le livre, les marges de couture pour tous les projets sont **incluses et sont de 1 cm pour les coutures d'assemblage et 3 cm pour les ourlets.** Au moment de la couture, vous devrez donc coudre à 1 cm du bord brut des tissus lors de l'assemblage (sauf indication contraire).

2- LE PAPIER PATRON

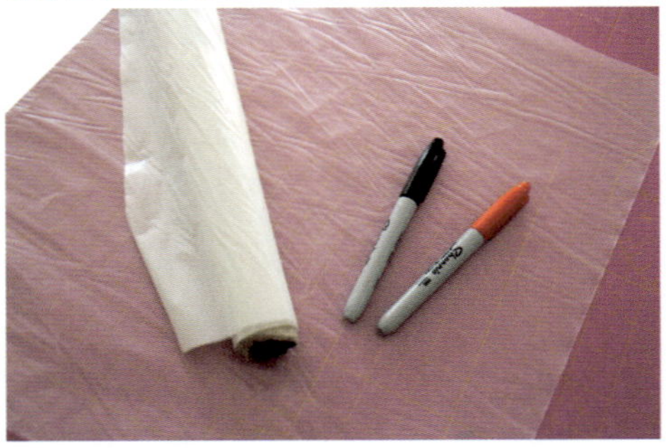

Le patron doit être reporté sur un support servant ensuite de gabarit pour couper le tissu. J'ai expérimenté différents supports comme la nappe blanche en papier ou le papier spécial patron acheté en mercerie. Je n'ai rien trouvé de mieux (et de moins cher, merci Marie !) que la bâche de protection vendue en magasin de bricolage au rayon peinture. Présenté par rouleau de 3 x 15 mètres (épaisseur 40 microns ou spécifié « épais ») ce film plastique (généralement recyclé) à l'avantage d'être translucide, résistant et ne marque pas les trous d'épingles. Le seul inconvénient (minime) est que pour écrire sur le plastique, il va falloir utiliser des feutres permanents.

3- REPRODUIRE LE PATRON

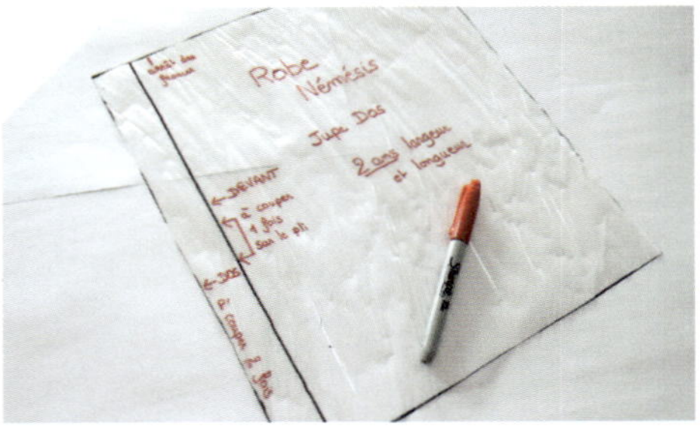

1 ▲

Repérez la pièce sur la page patron. Posez le papier patron sur la page et tracez le pourtour. Reportez toutes les indications nécessaires ainsi que le nom du projet, la taille reproduite et l'usage de la pièce. Découpez enfin la pièce. Faites de même avec toutes les autres.

Voici le lexique des symboles utilisés sur la page patron :

- ↕ **le droit fil :** cette flècle indique le sens du droit fil et donc le positionnement de la pièce patron sur votre tissu. Pour rappel, le droit fil est parallèle aux lisières plus d'info en page 8.
- **sur le pli :** il faut positionner le repère de pli du patron sur le pli du tissu et épingler. On obtient donc une pièce 2 fois plus grande une fois dépliée.
- **en miroir :** il faut positionner le patron sur le tissu plié en deux et couper les 2 pièces en même temps. Ainsi, nous obtiendrons 2 pièces séparées, identiques mais symétriquement opposées.
- | **repère divers :** à reporter sur le patron et le tissu (début ou fin de fronces, repère d'assemblage, milieu de la pièce...).
- ⊗ **fermoir :** emplacements des fermoirs métalliques, pressions ou attache cartable.
- ▲◣ **milieu de la pièce :** à reporter sur le tissu.

Astuces

Je range l'ensemble des pièces patron d'un projet dans une pochette plastique avec un papier sur lequel je note le nom du projet et la taille reproduite. Je range ensuite tout ça dans un classeur. Dans le livre, je colle un Post-it sur la page du projet en indiquant que je l'ai déjà reproduit (avec la taille) et dans quel classeur il se trouve. Bon en vrai, j'aimerai mettre en place cette méthode à la maison mais le rangement et moi... Un jour peut-être.

4- DÉCOUPER LE TISSU

2 ▲

Placez la pièce patron sur l'envers du tissu. Attention au sens de votre tissu sous peine d'avoir des motifs la tête en bas après assemblage. Prenez soin de placer tissu et patron correctement selon le type de découpe (sur le pli, en miroir...). Sur la photo, je dois couper une pièce sur le pli. J'ai donc plié mon tissu en deux et j'ai positionné la pièce patron sur le pli.

Astuce

Il est possible d'utiliser des poids pour maintenir le patron en place au moment de la découpe du tissu, cela évite d'épingler. Néanmoins, je réserve cette technique uniquement au cutter rotatif, les ciseaux soulèvent obligatoirement le tissu et font donc glisser les poids.

3 ◀

Épinglez patron et tissu ensemble sur tout le tour.

4 ◀

Respectez le sens du droit fil (voir schéma page 8). Pour les pièces où le droit fil n'est pas indiqué, respectez le sens largeur/hauteur en prenant votre tissu orienté vers le droit fil.

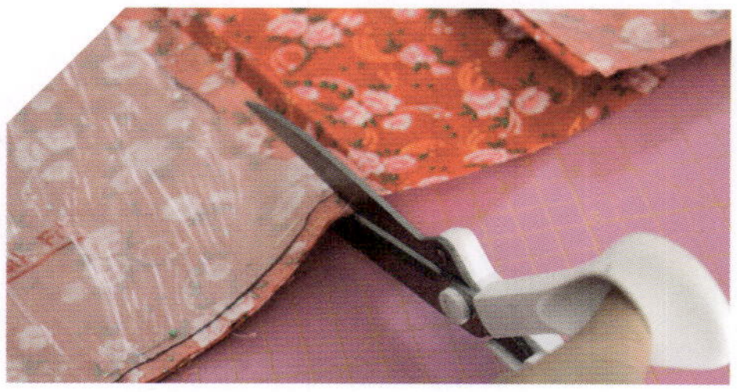

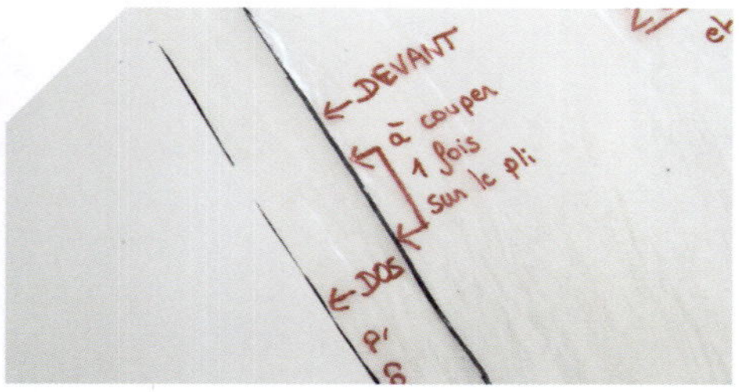

5 ▲

Coupez autour de la pièce. Au choix, vous pouvez y aller directement au cutter rotatif en utilisant la règle comme guide lors des découpes droites.

6 ▲

Il y a l'option des ciseaux à tissus. Cependant il y a 2 règles à respecter :

- On ne coupe jamais avec le bout des lames sous peine de créer des crans disgracieux.
- La lame inférieure des ciseaux doit toujours rester au contact de la table pour soulever le moins possible le tissu.

7 ▲

La jupe de la robe Némésis a une petite subtilité. En effet, la pièce patron est 2 en 1. Pour couper le dos, alignez la bordure dos sur le tissu pour couper les 2 pièces en miroir.

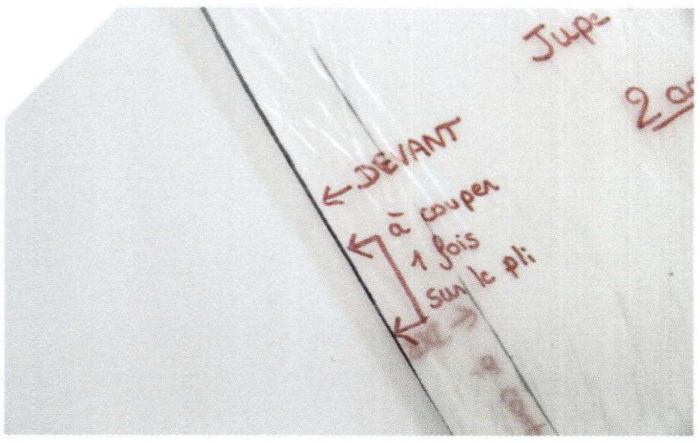

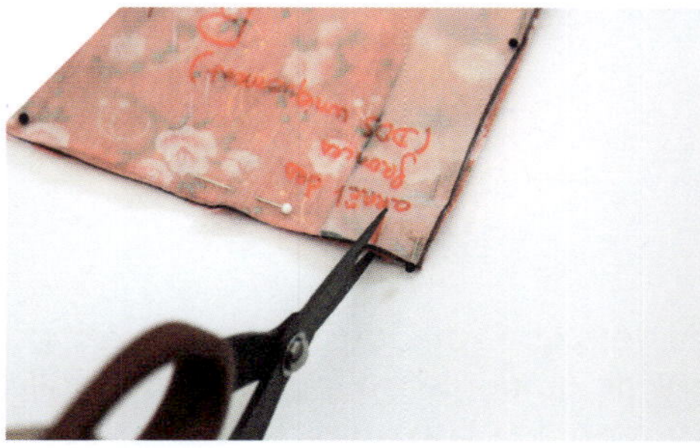

8 ▲

Pour couper la jupe devant, pliez la pièce patron le long du trait pour que la ligne « Devant » corresponde au pli du tissu. Coupez la pièce de tissu sur le pli.

9 ▲

Pour reporter les repères se trouvant au bord du tissu (milieu des pièces, fronces...), vous pouvez les tracer au crayon ou faire une petite entaille de 0,5 cm avec les ciseaux.

10 ▲

Enlevez les épingles. Reportez au revers du tissu le nom de la pièce patron pour se repérer au moment de l'assemblage.

5- THERMOCOLLER

Qui, quoi, qu'est-ce ?

Le thermocollant est une toile tissée ou intissée, existant en plusieurs épaisseurs, de couleur noire ou blanche, dont un côté est enduit d'une colle active à chaud. Le thermocollant permet d'entoiler une pièce de tissu pour lui donner plus de maintien et de tenue. Dans ce livre, je travaille beaucoup avec le thermocollant H250 de la marque Vlieseline qui est très polyvalent. Quand je souhaite avoir plus de rigidité, je travaille avec le Décovil Light de la même marque.

Comment s'y prendre ?

Sur la page patron, j'indique les pièces de tissu à thermocoller. Voici la méthode que j'utilise pour le faire.

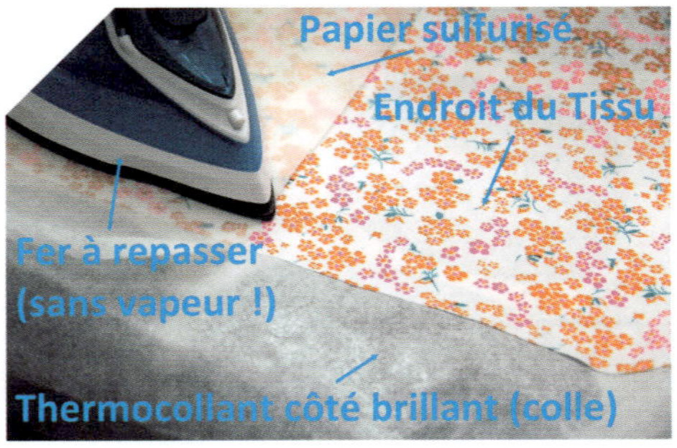

1- Prenez la grande pièce de thermocollant sans l'avoir découpée au préalable face rugueuse/brillante (côté colle) vers vous.
2- Disposez les pièces de tissu découpées et repassées, envers contre la colle du thermocollant. Si votre thermocollant est tissé, il va falloir faire attention que son droit fil respecte celui de vos pièces de tissu.
3- Recouvrez d'une feuille de papier cuisson (la semelle de votre fer vous remerciera).
4- Repassez zone par zone à la température et durée préconisées par le fabricant, sans vapeur ! Commencez par un côté et allez progressivement vers l'autre.
5- Décollez délicatement la feuille de papier cuisson et laissez refroidir à plat (au sol par exemple). Une fois froide, découpez chaque pièce.
6- Au besoin, repassez de nouveau les endroits qui se décollent (surtout au niveau des coins) côté thermocollant cette fois. Laissez refroidir.

Poser du passepoil

Le passepoil est un article de mercerie composé d'une bande de tissu pliée en deux entre lequel se trouve une cordelette. Très simple à fabriquer, il peut aussi s'acheter tout fait.
C'est un article que j'utilise énormément dans mes créations car en plus d'apporter une touche colorée, il finit joliment les coutures arrondies ou épaisses de certaines créations.

FOURNITURES :

- Du passepoil de coton
- Du tissu

DIFFICULTÉ : 2/5

Remarque

Je vous montre ici comment poser du passepoil en faisant un joli raccord. Si vous n'avez pas besoin de faire de raccord, commencez la pose à l'extrémité de votre tissu jusqu'au bout.

Astuces

Il existe dans le commerce des pieds de biche spéciaux (et universels) pour la pose de passepoil. Ce pied est composé d'une gouttière qui permet de guider le boudin du passepoil. Je conseille son achat car il facilite grandement la pose du passepoil et sa qualité !
Si le passepoil épouse mal un arrondi, crantez-le **AVANT** de le coudre. Il se mettra en place comme par magie et la couture sera simplifiée. Après couture, crantez et dégarnissez les arrondis sur toutes les épaisseurs de tissus pour avoir un résultat bien net et limiter les surépaisseurs.

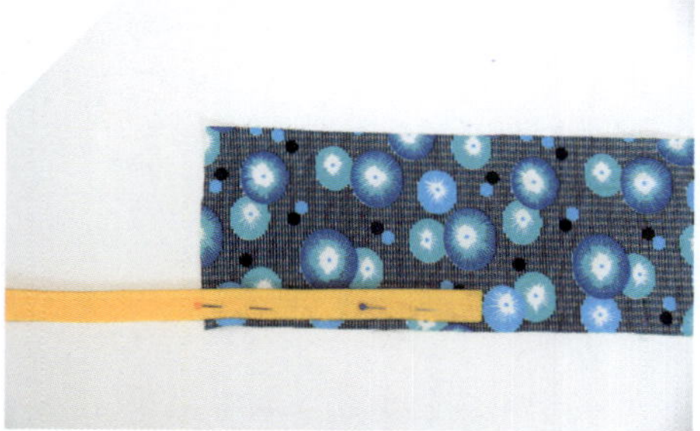

1 ▲

Épinglez à 1 cm du bord le passepoil sur l'endroit du tissu, boudin vers le centre. L'écart entre la naissance du boudin (couture existante du passepoil) et le bord brut du tissu est donc de 1 cm.

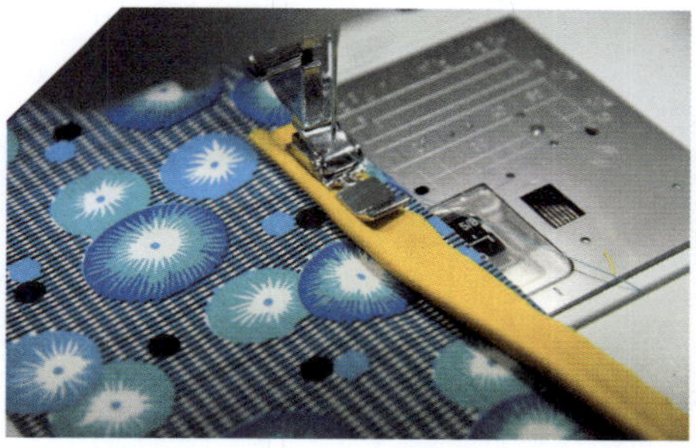

2 ▲

Armez-vous du pied à fermeture Éclair et commencez la couture à 2 cm de l'extrémité du passepoil. Le pied à fermeture Éclair va permettre de coudre au plus près du boudin.

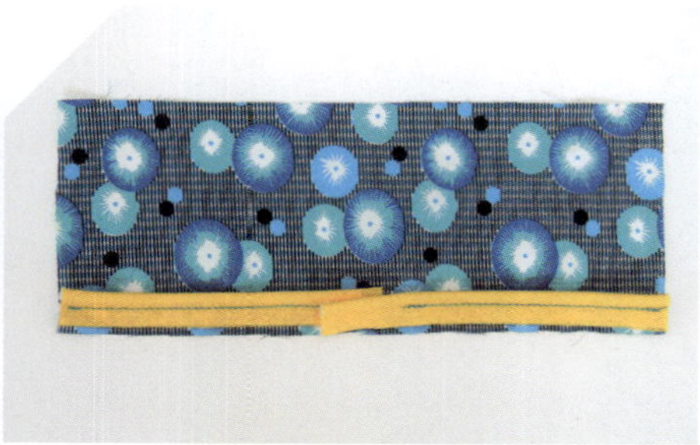

3 ▲

Continuez la couture et arrêtez-vous à 2 cm avant l'extrémité. Coupez le passepoil pour que les 2 extrémités se superposent sur 2 cm.

4 ▲

Ouvrez le passepoil sur l'une des extrémités pour faire apparaître la cordelette.

5 ▲

Coupez la cordelette (et uniquement la cordelette) au niveau de la seconde extrémité.

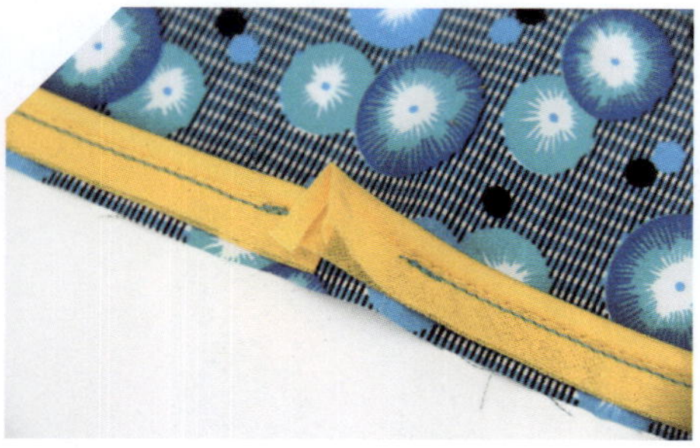

6 ▲

Faites un petit repli de tissu.

7 ▲

Glissez les passepoils l'un dans l'autre.

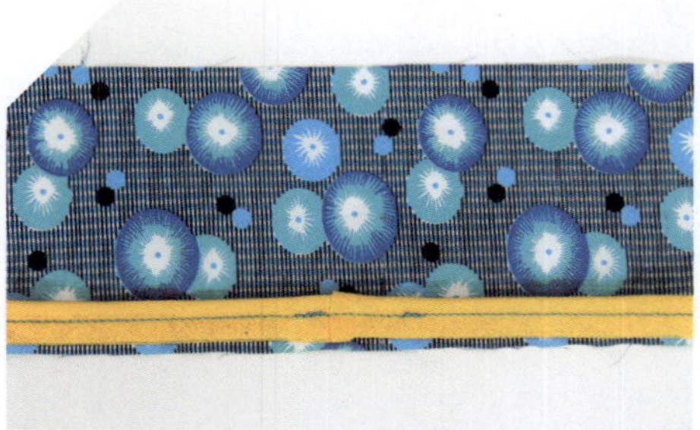

8 ▲

Finissez la couture de fixation.

9 ▲

Placez le second tissu endroit contre endroit et épinglez. Cousez en utilisant la couture de fixation du passepoil comme guide.

10 ◄

Le passepoil est posé, vos marges de couture sont respectées et le raccord est pratiquement invisible. Beau travail, vous savez poser du passepoil désormais. Attention danger, on devient très vite accroc !

La couture anglaise

La couture anglaise est la parade au surfilage des bords bruts du tissu. Le point zig-zag piqué alternativement dans le vide et sur le tissu, c'est bien mais pas top. Cette technique facile à appréhender, permet d'assembler 2 tissus en emprisonnant les bords bruts. Résultat : une couture nette, aussi propre à l'intérieur qu'à l'extérieur.

DÉCOUPES :

- La marge de couture au niveau de l'assemblage est de 1,5 cm.
- Dans le livre, cette marge est déjà incluse sur les pièces nécessitant une couture à l'anglaise.

DIFFICULTÉ : 1/5

Astuce

Pour être certaine d'avoir des coutures régulières, vous pouvez tracer une ligne à 0,5 cm du bord brut du tissu côté endroit et une seconde à 1,5 cm sur l'envers du tissu.

1

Placez les tissus envers contre envers (ce qui est très rare en couture) et épinglez.

2

Cousez à 0,5 cm du bord (habituellement la largeur du pied de biche quand l'aiguille est en position centrale).

3

Coupez le surplus de couture pour laisser 2-3 mm. Ouvrez la couture au fer à repasser.

4

Pliez les tissus au niveau de la couture pour qu'ils soient endroit contre endroit cette fois. Épinglez.

5

Cousez à 1 cm du bord du pli formé par la couture précédente. Si vous avez au préalable tracé une ligne (voir l'astuce en haut de cette page), vous devez coudre sur cette ligne.

6

Votre assemblage est terminé et la finition est parfaite à l'intérieur et à l'extérieur.

Personnaliser ses créations

La personnalisation est un moyen simple pour mettre encore plus d'amour dans une création. Il est très agréable d'offrir une réalisation personnalisée par le prénom ou un motif particulier apprécié.
Il y a de nombreuses façons de personnaliser un objet cousu. Je vous livre ici les 4 façons pour moi les plus simples à mettre en œuvre et offrant un joli résultat.

LE PATCHWORK DE TISSU

Voici une méthode facile pour réaliser un assemblage de tissus sur une pièce patron qui n'en compte normalement qu'une.

FOURNITURES :

• Différents tissus assortis

DIFFICULTÉ : 2/5

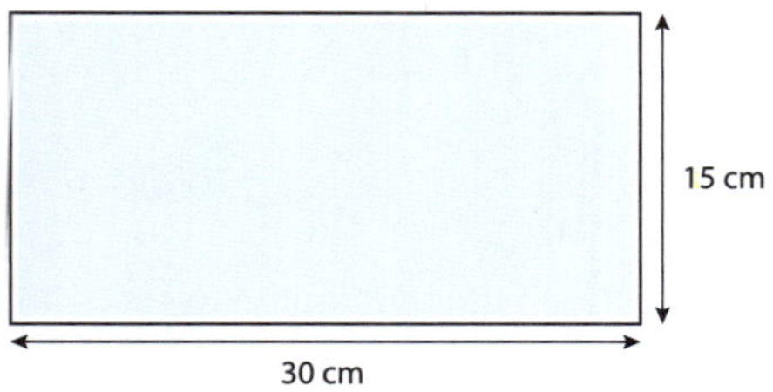

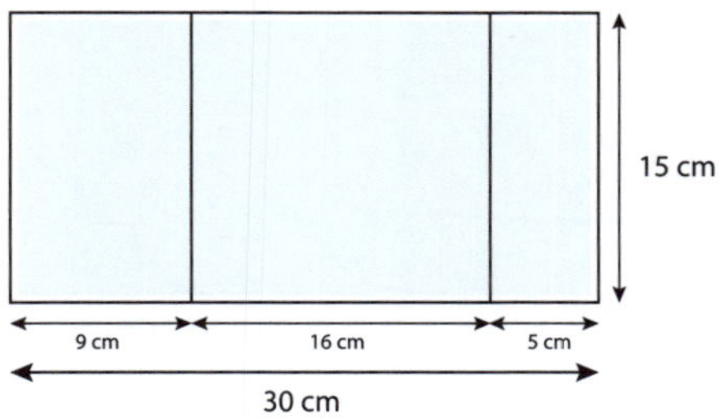

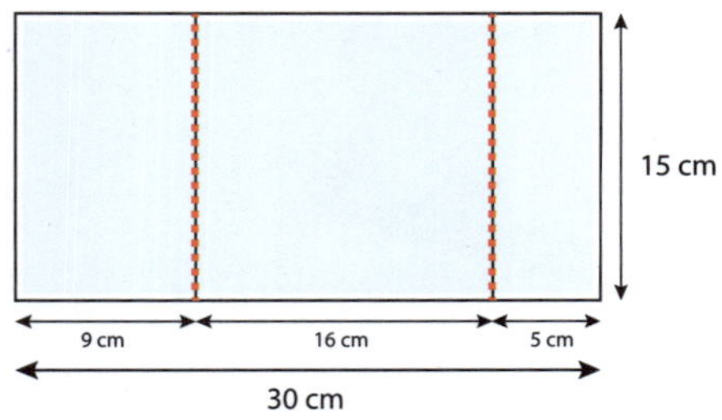

Coutures d'assemblage (valeur de 1 cm)

1

Choisissez la pièce patron que vous souhaitez modifier. Cela fonctionne pour toutes les formes. Je prends ici l'exemple d'un rectangle de 30 cm de large sur 15 cm de haut.

2

Choisissez la répartition des bandes de tissus. Ici je choisis de partir sur 3 tissus différents, vous pouvez en mettre plus ou moins. La somme des différentes bandes doit faire la largeur initiale.

3

Nous allons ajouter les marges de couture pour définir les dimensions finales des différentes pièces à couper. Je choisis des marges de 1 cm.

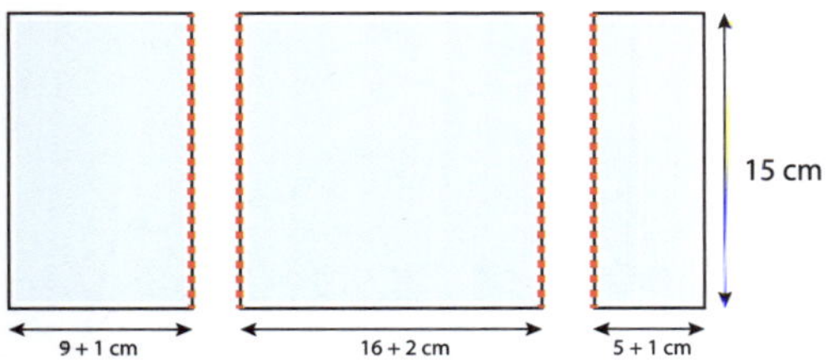

Coutures d'assemblage

4

Voici donc les 3 bandes qu'il va falloir couper.

5

Coupez les bandes dans les différents tissus.

6

Placez les 2 premières bandes endroit contre endroit, attention à leur sens. Cousez à 1 cm du bord.

7

Dépliez et couchez le surplus de couture sur le tissu le plus épais. Surpiquez à 2 mm du bord pour maintenir le tout (surtout vrai quand on travaille des tissus épais ou thermocollés).

8

Répétez les étapes 6 et 7 avec les autres morceaux de tissus. Votre patchwork une fois assemblé fait donc la taille de la pièce patron initiale. Vous n'avez plus qu'à suivre le reste des étapes de montage.
Ce système fonctionne pour des bandes verticales, horizontales, des carrés…

LES APPLIQUÉS THERMOCOLLANTS

Les thermocollants double face permettent de coller sur le tissu n'importe quelle forme, appelées appliqués. Le plus difficile est de choisir le bon thermocollant qui va permettre de coller efficacement et durablement les tissus. J'ai trouvé la perle rare avec la colle double face de la marque Ki-Sign vendue en feuille ou rouleau.

FOURNITURES :

DIFFICULTÉ : 1/5

- Une chute de tissu pour réaliser l'appliqué (tous les tissus même plastiques peuvent fonctionner, il suffit d'adapter la chaleur du fer)
- Du thermocollant double face
- Une feuille de papier sulfurisé
- Un fer à repasser

1 ▲

Décalquez la forme choisie dans du papier. Un petit tour sur le net et vous trouverez votre bonheur. À vous motif, lettre, chiffre... Placez la découpe papier sur le tissu et coupez un rectangle à la dimension approximative. Faites de même avec le thermocollant double face.

2 ▲

Appliquez le thermocollant sur l'envers du tissu. Protégez le tout par une feuille de papier sulfurisé et maintenez le fer à repasser le temps conseillé par le fabricant. Une fois refroidi, décalquez le motif sur le papier de protection du thermocollant (veillez à le faire en miroir pour les chiffres ou lettres).

3 ▲

Coupez le motif avec des ciseaux de précision ou au cutter.

4 ▲

Décollez le papier de protection du thermocollant.

5 ▲

Placez votre appliqué sur le tissu. Protégez le tout par une feuille de papier sulfurisé et appliquez le fer à repasser selon les consignes du fabricant.

6 ▲

Et voilà, l'appliqué est en place. S'il se décolle, remettez un coup de fer à repasser sur l'envers du tissu. Pour les puristes, vous pouvez coudre le contour à l'aide d'un point zig-zag serré (point bourdon) ou laisser tel quel.

LES ÉTIQUETTES

J'appelle « étiquettes » des bandes de tissu pliées en deux et prises dans la couture de côté d'une création. Elles sont faciles à réaliser, apportent de la couleur et permettent d'utiliser vos chutes de tissus.

FOURNITURES :

- Des chutes de tissu
- Un fer à repasser

DIFFICULTÉ : 1/5

1

Coupez un morceau de tissu de 5 cm de large sur 4 cm de haut. Faites 2 petits replis en haut et en bas et marquez-les au fer à repasser. Pliez enfin le tout en deux et marquez au fer. On obtient une petite étiquette de 2,5 cm de long.

2

Placez les étiquettes sur votre pièce de tissu au niveau d'une future couture de côté. Les bords vifs des étiquettes sont du côté du bord vif de votre pièce de tissu.

3

Faites des surpiqûres à quelques millimètres du bord pour maintenir les étiquettes en place.

4

Procédez à la suite des étapes de montage de votre projet. Vous obtiendrez ce résultat.

LE FLEX

Ces feuilles de plastique se découpent à l'aide de ciseaux ou cutter et se thermocollent au tissu à la manière des flocages des maillots de sport. Il en existe de nombreuses variétés (classique, pailleté, métallisé, velouté, texturé) pour se prêter à toutes vos créations. Une fois fixé, le flex ne bouge plus et peut passer à la machine à laver.

FOURNITURES :

- Des feuilles de flex (vendues à l'unité ou au mètre)
- Une feuille de papier sulfurisé
- Un fer à repasser

DIFFICULTÉ : 1/5

1 ▲

Décalquez un motif sur du papier et reproduisez-le au dos de la feuille de flex. Le flex a un côté lisse et brillant (côté fer à repasser) et un côté plus rugueux (côté tissu). Attention à reporter vos lettres et chiffres en miroir afin qu'ils ne soient pas inversés une fois collés. Découpez vos formes.

2 ▲

Placez vos découpes sur le tissu. Le côté rugueux ou mat du flex est côté tissu.

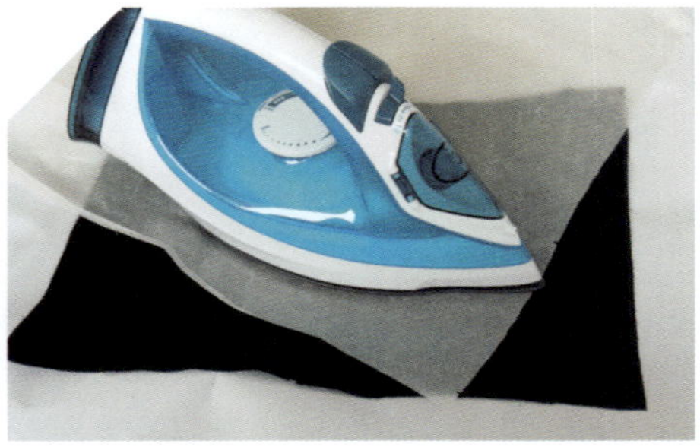

3 ▲

Protégez le tout avec une feuille de papier sulfurisé et collez au fer en respectant les consignes du fabricant.

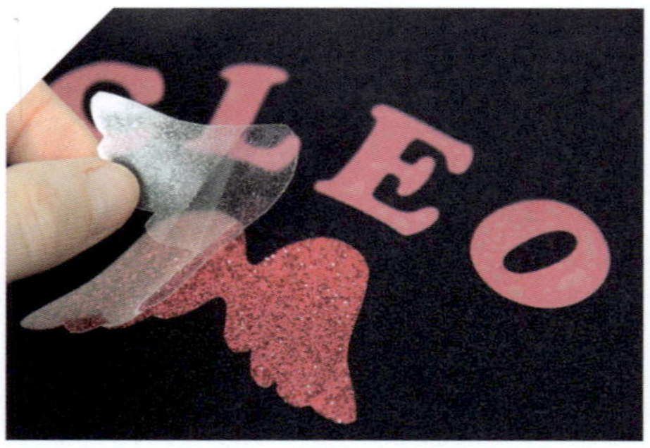

4 ▲

Laissez refroidir et décollez délicatement le plastique de protection.

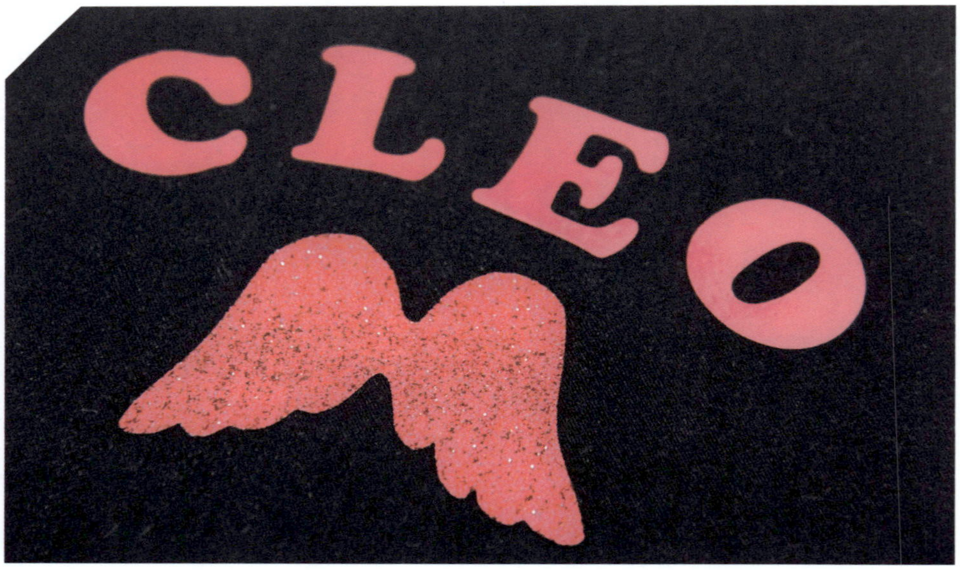

5 ▲

Votre motif est thermocollé et ne bougera plus !

Poser un fermoir

Belle alternative aux boutonnières qui nécessitent la couture du bouton (pas trop compliqué) mais aussi la création d'une boutonnière (un chouilla plus compliqué), les fermoirs se posent facilement et sans couture.
Je vous montre ici comment poser une attache-cartable ou fermoir aimanté dont la pose est sensiblement la même ainsi que des pressions résine.

ATTACHE-CARTABLE ET FERMOIR AIMANTÉ

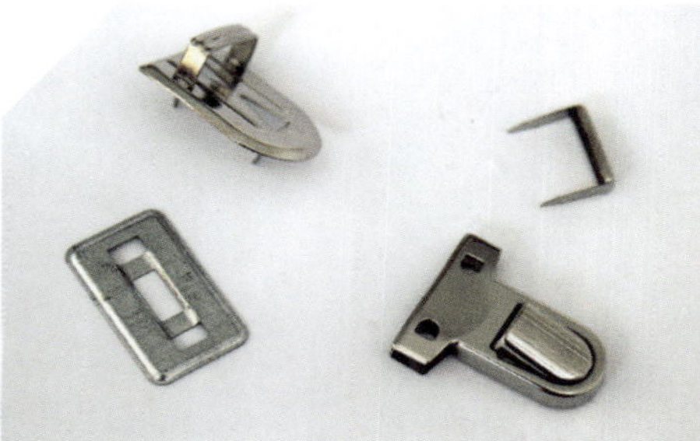

1 ▲

Il existe plusieurs types d'attache-cartable. Avec l'expérience, je préfère travailler avec ce produit composé de 4 parties. Je le trouve bien plus facile à poser et résistant dans le temps que la version avec dents intégrées dans le fermoir.

2 ▲

Faites des marques à l'endroit des 2 pièces de votre attache-cartable : le poussoir et son socle.

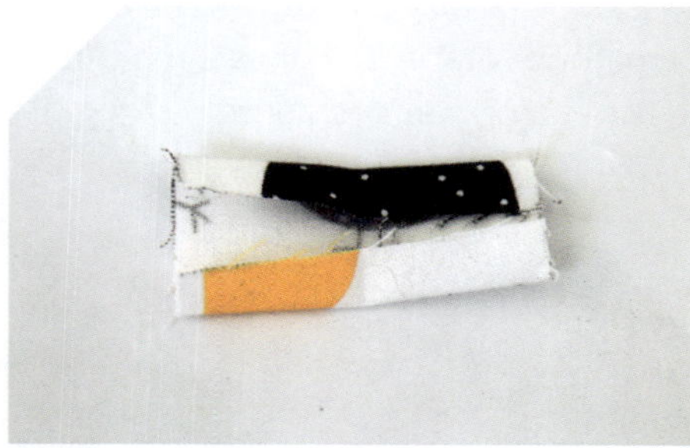

3 ▲

Pour faciliter l'ouverture et la fermeture, poser une languette. Pour cela, coupez une bande de tissu de 4 x 5 cm. Faites 2 petits replis le long des petits côtés et pliez le tout en deux. On obtient une languette de 2,5 cm de long. Si vous voulez la réaliser dans un tissu qui ne s'effiloche pas (simili-cuir, enduit), coupez une bande de 2 cm sur 5 et pliez-la simplement en deux.

4 ▲

Placez la languette sur le tissu et surpiquez à 2 mm du bord.

5 ▲

Écartez la pièce poussoir légèrement et glissez-la pour prendre en sandwich le tissu.

6 ▲

Faites 2 trous à travers vos tissus. J'utilise des petits ciseaux très pointus.

7 ◀

Placez la petite pièce pointue dans les trous.

8 ▶

Rabattez les dents sur l'envers à la main.

9 ▲

Placez le support au bon endroit sur le tissu. Le « pont » doit être au niveau de la marque (étape 2). Faites 2 repères sur le tissu au niveau des dents.

10 ▲

Percez le tissu au niveau des repères. Vous pouvez pré-percer les trous avec des petits ciseaux pointus.

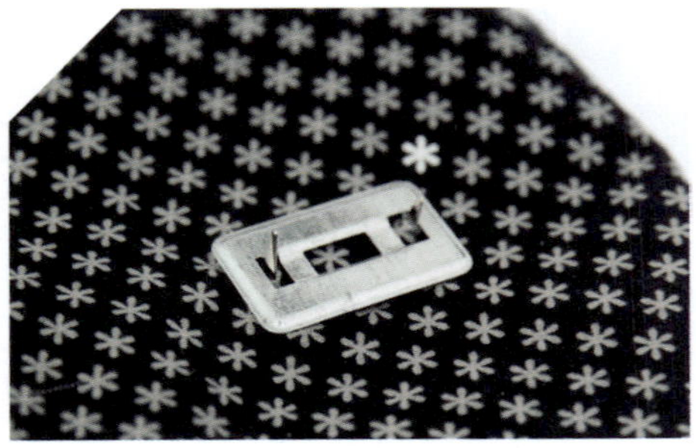

11 ▲

Au revers, placez la plaque au niveau des dents.

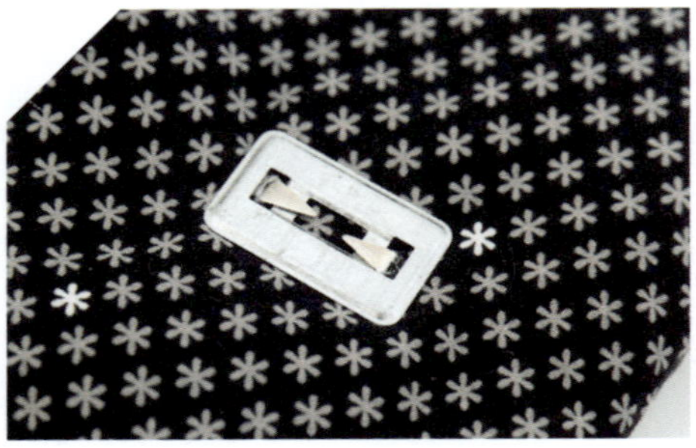

12 ▲

Repliez les dents vers l'intérieur.

13 ▲

Votre attache-cartable est posée.

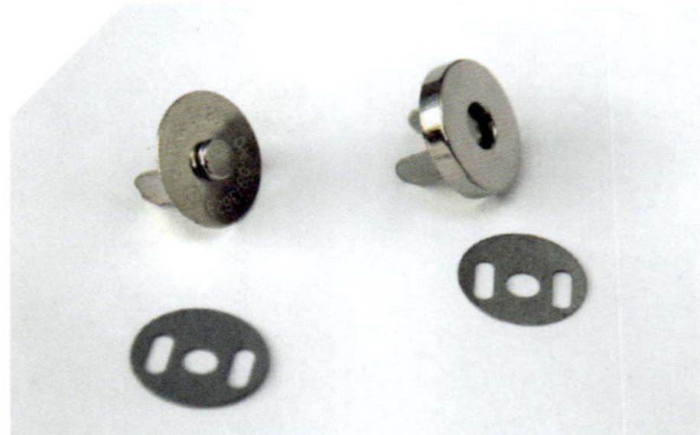

14 ▲

Les fermoirs métalliques se posent sensiblement de la même manière. Ils se composent de 4 morceaux : 1 mâle, 1 femelle et 2 plaques. Pré-percez correctement votre tissu car les dents de ce fermoir ne sont pas pointues mais arrondies.

PRESSIONS RÉSINE

Il existe plusieurs sortes de pressions : en plastique ou en métal. Toutes se posent avec un outil spécifique. Les pressions en plastique sont à mon sens les plus passe-partout, variées (formes ronde, étoile, cœur) et les moins coûteuses.

Astuce

Si vous avez mal posé votre pression résine, vous pouvez scier délicatement entre les 2 morceaux avec un couteau à dents. Il vous suffira de reposer une autre pression.

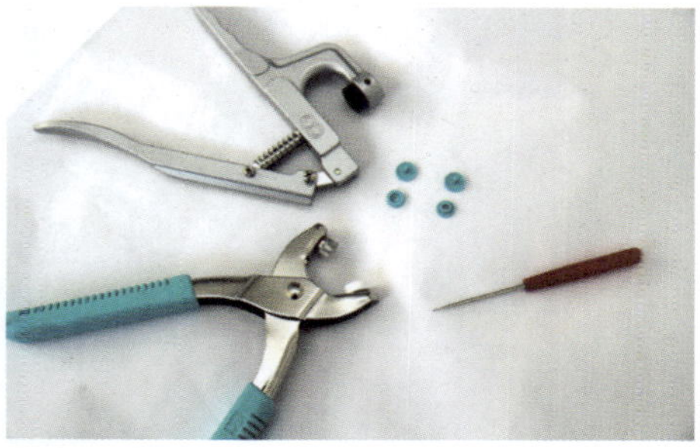

1 ▲

Pour poser les pressions résine, il vous faudra une pince avec les embouts adaptés. Je vous conseille la pince Kam ou la pince Vario de la marque Prym (plus polyvalente). Un poinçon est utile pour pré-percer les trous facilement.

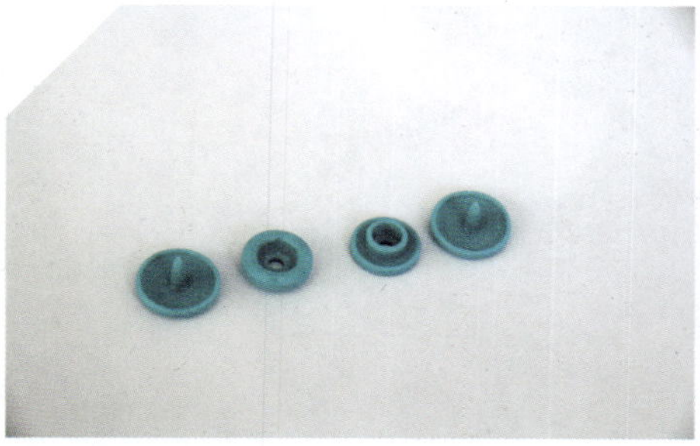

2 ▲

Une pression se compose de 4 parties : 2 pointes, une pièce mâle et une pièce femelle.

3 ▲

Percez toutes les couches de tissus à l'endroit où vous voulez poser la pression.

4 ▲

Placez une pointe sur l'endroit du tissu.

5 ▲

De l'autre côté, placez la pièce mâle ou femelle. La pointe dépasse.

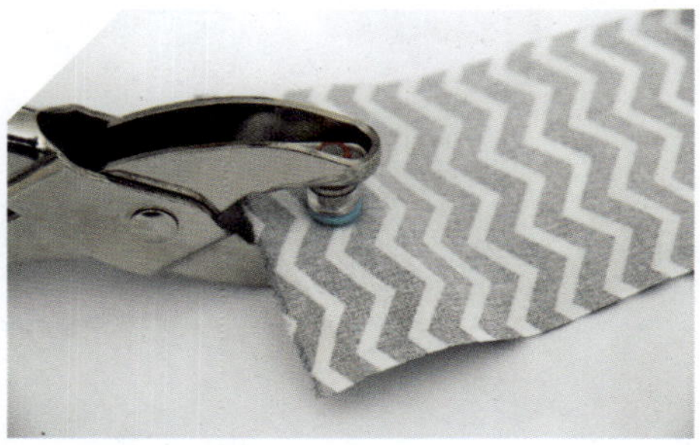

6 ▲

Placez la pince de part et d'autre de la pression et pressez fortement à plusieurs reprises.

7 ▲

La pince a écrasé la pointe qui a scellé la pression.

8 ▲

Répétez les étapes 4 à 7 avec les 2 autres morceaux de la pression.

9 ▲

Si le tissu est trop fin, je renforce le dos de ma pression avec une chute de tissu pliée en 3. Ainsi, la pression est solidement maintenue grâce aux épaisseurs et ne risque pas d'être arrachée à la première utilisation.

LES ACCESSOIRES

Les accessoires pour les enfants

CIRCÉ
la grande pochette à dessins

Sous ses faux airs de cartable, la pochette Circé renferme tout le nécessaire artistique de votre enfant. Vraie magicienne des arts plastiques, Circé abritera coloriages, bloc à dessin, crayons feutres et de couleurs, ciseaux, colle, règle, pochoirs ou encore gommettes.

FOURNITURES (exemple de répartition, vous pouvez évidemment multiplier le nombre de tissus)

- A : 70 cm de cotonnade ou tissu enduit pour la face extérieure de la pochette
- B : 40 cm de cotonnade ou tissu enduit pour face intérieure de la pochette
- C : 15 cm de cotonnade pour la trousse
- D : 40 cm de cotonnade pour le porte-trousse
- E : 35 cm de cotonnade pour le porte-bloc
- 15 cm de cristal d'épaisseur moyenne
- 35 cm de renfort (type Jeffy, feutrine ou molleton rigide)
- 40 cm de thermocollant type Vliesline H250
- 2,20 m de passepoil assorti
- 1 zip non séparable d'au moins 30 cm
- Une attache-cartable

Remarque

Préférez des tissus unis ou à motifs sans sens défini pour les faces. Ainsi, que la pochette soit pliée ou dépliée, vos motifs n'auront jamais la tête en bas.

Avant de commencer…

Patron et coupe :

Face Extérieure : rectangle de 37 cm (largeur) x 68 cm (hauteur) à couper 1 fois dans le tissu A. Arrondir les 4 angles.
Face Intérieure : rectangle de 68 cm (largeur) x 37 cm (hauteur) à couper 1 fois dans le tissu B. Arrondir les 4 angles.
Renfort : rectangle de 65,5 cm (largeur) x 34,5 cm (hauteur) à couper 1 fois dans le renfort. Arrondir les 4 angles.
Porte-Bloc : rectangle de 26 cm (largeur) x 33 cm (hauteur) à couper 2 fois dans le tissu E. Thermocoller une des 2 pièces (doublure).
Porte-Trousse : rectangle de 26 cm (largeur) x 37 cm (hauteur) à couper 2 fois dans le tissu D. Thermocoller une des 2 pièces (doublure).
Trousse Zippée :
- Haut de la trousse : rectangle de 26 cm (largeur) x 4 cm (hauteur) à couper 2 fois dans le tissu C. Thermocoller une des 2 pièces (doublure).
- Bas de la trousse : rectangle de 26 cm (largeur) x 12 cm (hauteur) à couper 2 fois dans le tissu C. Thermocoller une des 2 pièces (doublure).
Grande Pochette Cristal :
- Rabat : rectangle de 20 cm (largeur) x 7 cm (hauteur) à couper 1 fois dans le cristal. Arrondir les 2 angles du bas.
- Corps : rectangle de 20 cm (largeur) x 13 cm (hauteur) à couper 1 fois dans le cristal.
Petite Pochette Cristal :
- Rabat : rectangle de 10 cm (largeur) x 7 cm (hauteur) à couper 1 fois dans le cristal. Arrondir les 2 angles du bas.
- Corps : rectangle de 10 cm (largeur) x 18 cm (hauteur) à couper 1 fois dans le cristal.
Anse : rectangle de 17 cm (largeur) x 8 cm (hauteur) à couper 1 fois dans une chute (à thermocoller).

Techniques :

- Page 20 : patronner, couper le tissu et thermocoller
- Page 12 : astuces Couture
- Page 22 : poser du passepoil
- Page 29 : poser un fermoir
- Page 25 : personnaliser sa création

Astuce

Pour nettoyer facilement les petites erreurs de crayonnage, vous pouvez utiliser du coton enduit pour les pièces qui composent l'intérieur de votre pochette et de la trousse.

DIMENSIONS :

Pochette Pliée :
Largeur : 35 cm, hauteur : 26 cm, profondeur : 3 cm

Pochette Dépliée :
Largeur : 68 cm, hauteur : 35 cm

Circé est prévue pour accueillir un bloc-notes de 21 par 30 cm

DIFFICULTÉ : 3/5

COMMENT FAIRE ?

Zone de personnalisation

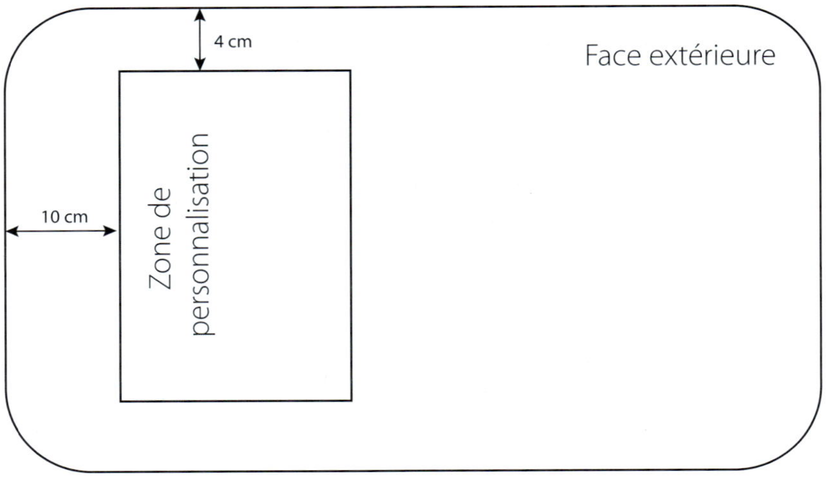

1

Tracez 1 ligne à 2 cm sur l'envers des 2 pièces « haut de la trousse ». Repliez un bord du tissu sur cette ligne pour faire un repli de 1 cm.

2

Placez la pièce « haut de la trousse » doublure vers vous, superposez le zip et recouvrez de la seconde pièce « haut de la trousse ». Le zip est endroit contre endroit avec le tissu extérieur.

3

Utilisez le pied spécial fermeture Éclair pour coudre au plus près des dents du zip.

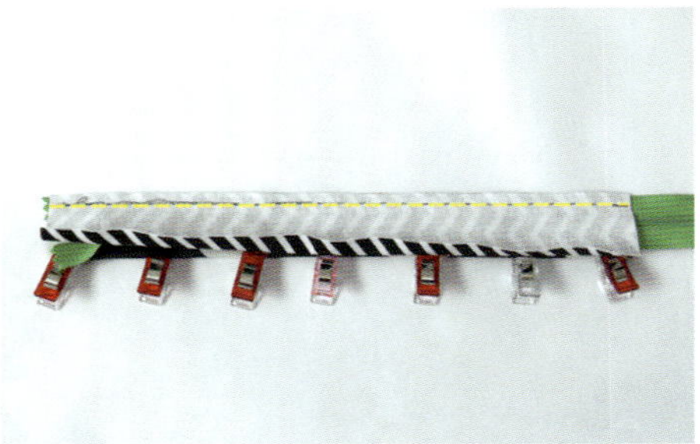

4

Cousez le long de la fermeture Éclair.

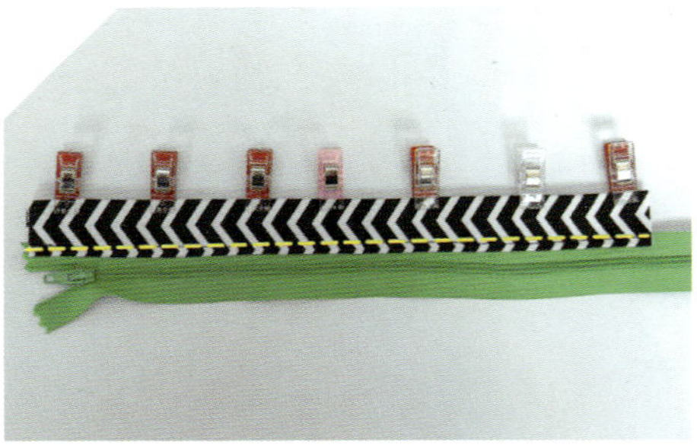

5

Dépliez et superposez les tissus envers contre envers. Repassez si les tissus le permettent. Épinglez et surpiquez à quelques millimètres de la fermeture Éclair.

6

Placez la pièce doublure « bas de la trousse » vers vous, superposez le bloc fermeture Éclair comme sur la photo et recouvrez de l'autre pièce « bas de la trousse ». La fermeture Éclair et le tissu extérieur sont endroit contre endroit.

7

Reproduisez les étapes 3, 4 et 5. Coupez au besoin le surplus de fermeture Éclair.

8

Prenez la pièce « porte-trousse » (tissu extérieur) et placez la trousse en tissu dessus en alignant les bords bas et les côtés. Épinglez le haut de la trousse en superposant parfaitement les 2 replis réalisés à l'étape 1.

9

Surpiquez le haut de la trousse (tissu) à 2 ou 3 mm du bord. La trousse est fermée et cousue à la pièce « porte-trousse ».

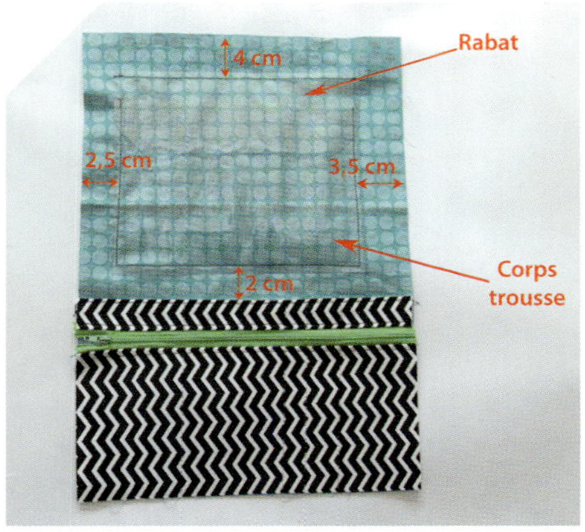

10

Placez le rabat et la trousse grand format en cristal. Le rabat est à 4 cm du haut de la pièce et le bas de la trousse à 2 cm de la trousse en tissu. Tracez des lignes à la craie pour faciliter la pose et couture du cristal.

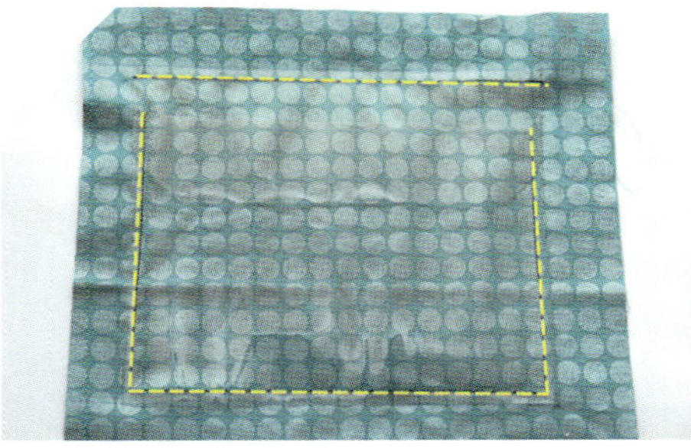

11

Cousez le cristal à 2 mm du bord sur les 3 côtés de la trousse et sur le haut du rabat. Le pied en Téflon est de mise pour une couture sans prise de tête.

12

Placez les pièces « porte-trousse » tissu extérieur et doublure endroit contre endroit. Épinglez sur le côté droit.

13

Cousez à 1 cm du bord.

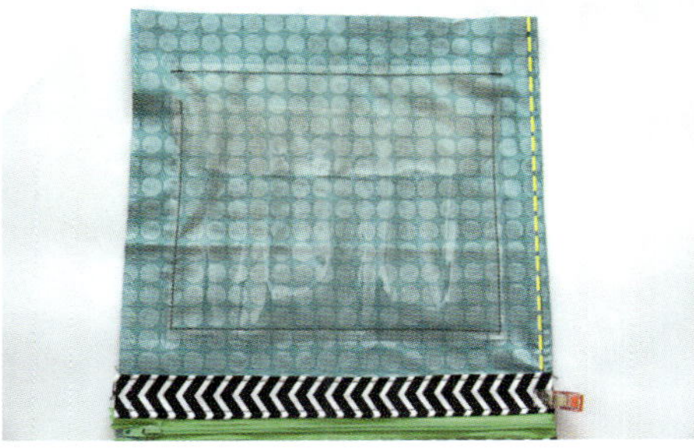

14

Dépliez les tissus pour les positionner envers contre envers. Surpiquez du haut jusqu'à la naissance de la trousse en tissu.

15

Placez le « porte-trousse » sur la face intérieure de la pochette. Alignez le côté gauche, le haut et le bas. Épinglez.

16

Surpiquez les 3 côtés à 2-3 mm du bord pour rendre solidaires les 2 pièces de tissu.

17 ▲

Positionnez les 2 pièces « porte-bloc » endroit contre endroit. Cousez le long des 3 côtés. Dégarnissez les angles.

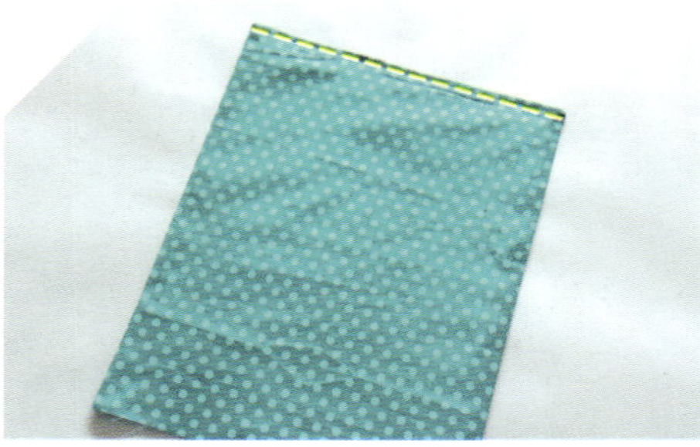

18 ▲

Retournez le porte-bloc, sortez les angles et repassez. Faites une surpiqûre à 3 mm du haut pour donner de la tenue.

19 ▲

Placez le porte-bloc sur la face intérieure de la pochette à 16 cm du bord droit en alignant le bas des 2 pièces. Épinglez soigneusement.

20 ▲

Surpiquez les 2 grands côtés à 2 mm du bord en insistant en haut en faisant des allers-retours pour renforcer.

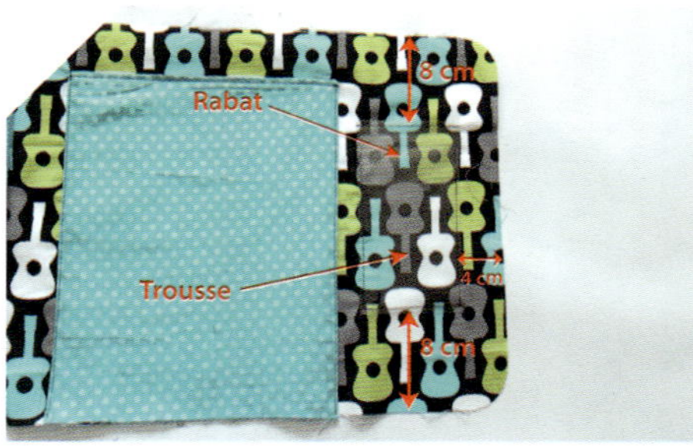

21 ▲

Placez les 2 pièces en cristal composant la petite trousse (haut du rabat à 8 cm du haut, bas de la trousse à 8 cm du bas, le tout à 4 cm du bord droit). Cousez comme à l'étape 11 page 41.

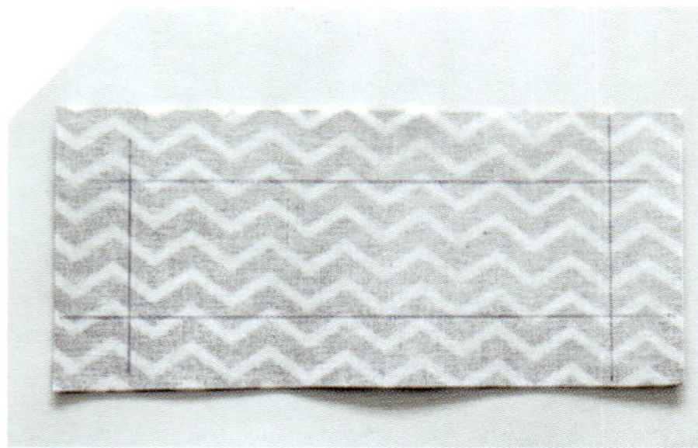

22 ▲

Tracez 4 lignes à 2 cm des extrémités sur l'envers de l'anse.

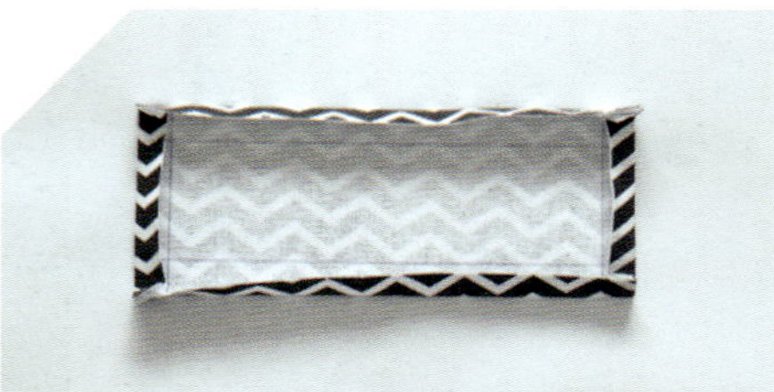

23 ▲

Faites 4 replis sur les lignes tracées précédemment.

24 ▲

Pliez l'anse en deux dans le sens de la longueur et réalisez 2 lignes de surpiqûres à 3 mm du bord.

25 ▲

Épinglez l'anse côté droit de la face extérieure de la pochette. L'anse est centrée (13,5 cm de part et d'autre) et à 13 cm du côté droit. Épingler.

26 ◄

Cousez chaque extrémité de l'anse en réalisant un rectangle orné d'une croix.

27

Posez du passepoil sur le pourtour de la face extérieure. Vous pouvez personnaliser votre pochette en respectant la zone de personnalisation indiquée sur le schéma page 40.

28

Superposez les 2 faces de la pochette endroit contre endroit. L'anse de la face extérieure doit être superposée à la petite trousse en cristal de la face intérieure. Épinglez.

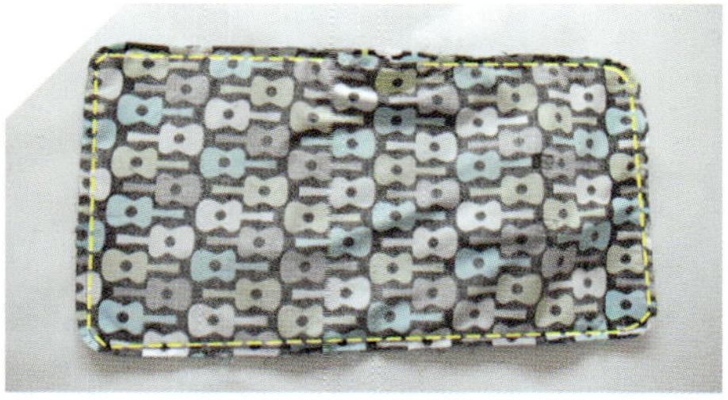

29

Cousez en suivant la couture de fixation du passepoil en laissant une ouverture de 10 cm au niveau du haut du porte-bloc. Dégarnissez les coutures et crantez les arrond s.

30

Retournez le tout. Roulez le renfort à la manière d'un parchemin. Glissez-le dans l'ouverture et déployez-le au cœur de la pochette. Cette étape peut prendre un peu de temps.

31

Fixez la première partie de l'attache-cartable (côté petite trousse en cristal).

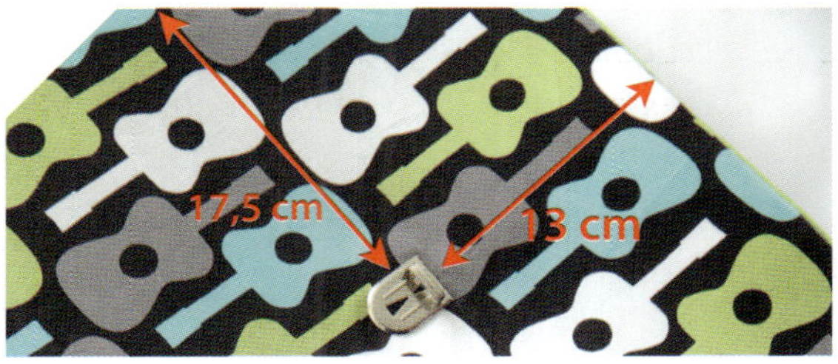

32

Fixez la seconde partie de l'attache-cartable à 13 cm du bas et 17,5 cm de côté (côté trousse zippée). Veillez à fixer l'attache cartable à travers le renfort pour plus de solidité. Fermez l'ouverture laissée dans la pochette à la main.

CASSANDRE
la petite pochette à dessins

Au restaurant, dans une salle d'attente, en voiture, en vacances, la pochette Cassandre accompagnera vos loulous partout. Petite sœur de Circé, elle abrite une trousse à crayons, un bloc-note et une pochette à gommettes. De quoi jouer et s'amuser de longues heures.

FOURNITURES (ceci est un exemple de répartition, vous pouvez évidement multiplier le nombre de tissus différents)

- 50 cm de cotonnade ou tissu enduit pour la face extérieure de la pochette
- 30 cm de cotonnade ou tissu enduit pour la face intérieure de la pochette
- 30 cm de cotonnade pour l'extérieur de la trousse
- 30 cm de coton enduit ou toile cirée pour la doublure de la trousse
- 25 cm de cotonnade pour le porte-bloc
- 15 cm de cristal d'épaisseur moyenne
- 25 cm de renfort (type Jeffy, feutrine ou molleton rigide)
- 30 cm de thermocollant moyen type Vliesline H250
- 1,60 m de passepoil assorti
- 1 zip non séparable d'au moins 30 cm
- Une attache-cartable

Remarque

Préférez des tissus unis ou à motifs sans sens défini pour les pièces devant et dos. Ainsi, que la pochette soit pliée ou dépliée, vos motifs n'auront jamais la tête en bas.

Avant de commencer…

Patron et coupe :

Planche : **B** - *Patron* : **ROUGE**
(9 pièces)

Techniques :

- Page 20 : patronner, couper le tissu et thermocoller
- Page 12 : astuces Couture
- Page 22 : poser du passepoil
- Page 29 : poser un fermoir
- Page 25 : personnaliser sa création

Astuce

Pour rendre facile d'entretien votre pochette, utilisez du coton enduit pour les 3 pièces de doublure qui composent la trousse. Ainsi, les crayons non rebouchés ne causeront pas de dégâts.

DIMENSIONS :

Pochette Pliée :
Largeur : 25 cm, hauteur : 17 cm, profondeur : 3 cm

Pochette Dépliée :
Largeur : 48 cm, hauteur : 25 cm

La pochette est prévue pour accueillir un bloc-note de 15 x 21 cm.

DIFFICULTÉ : 3/5

COMMENT FAIRE ?

Zone de personnalisation

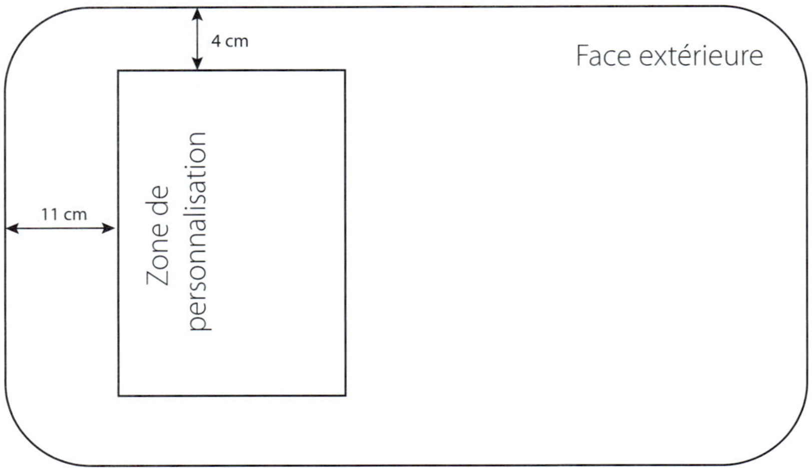

1 ▲

Placez la pièce « haut trousse » doublure vers vous, superposez la fermeture Éclair et recouvrez de la pièce « haut trousse » en tissu extérieur. Fermeture et tissu extérieur sont endroit contre endroit.

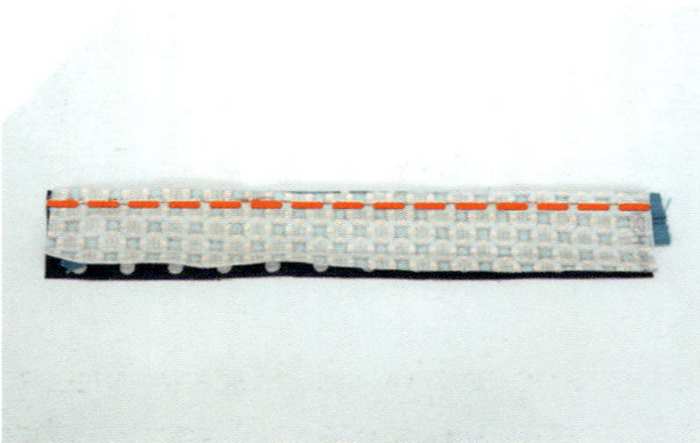

2 ▲

Cousez le long du zip avec le pied spécial fermeture Éclair. Coupez le surplus de fermeture Éclair.

3 ▲

Dépliez les tissus et positionnez-les envers contre envers. Épinglez et surpiquez le long.

4 ▲

Prenez les 2 pièces « bas de trousse ». Placez la doublure vers vous, superposez le bloc fermeture Éclair et recouvrez de la pièce en tissu extérieur. Tissu extérieur et fermeture Éclair sont endroit contre endroit. Épinglez.

5 ▲

Répétez les étapes 2 et 3.

6 ▲

Prenez les 2 pièces « fond trousse ». Placez la doublure vers vous, superposez le résultat de l'étape 5 et recouvrez du tissu extérieur. Les 2 tissus extérieurs sont endroit contre endroit. Épinglez.

7 ▲

Cousez à 1 cm du haut.

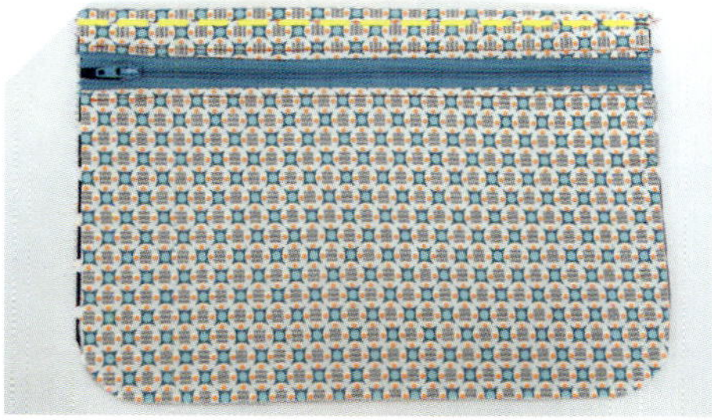

8 ▲

Retournez les tissus, les 2 fonds de trousse sont envers contre envers. Épinglez et surpiquez le haut.

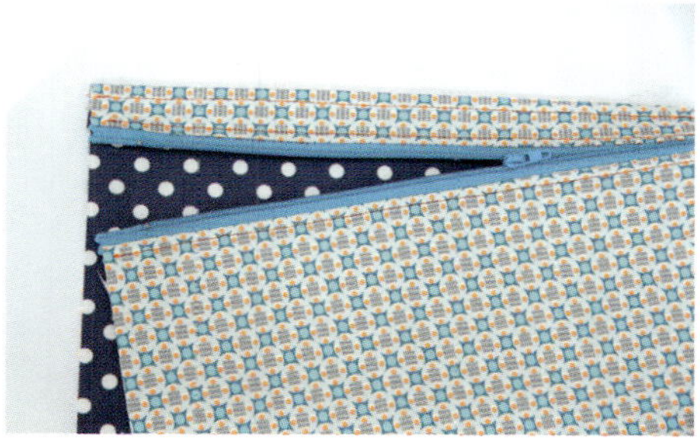

9 ▲

Quand on ouvre la trousse, on aperçoit la doublure du fond.

10 ▲

Placez le bloc trousse sur la face intérieure de la pochette. Alignez les côtés et surpiquez à quelques millimètres pour fixer le tout.

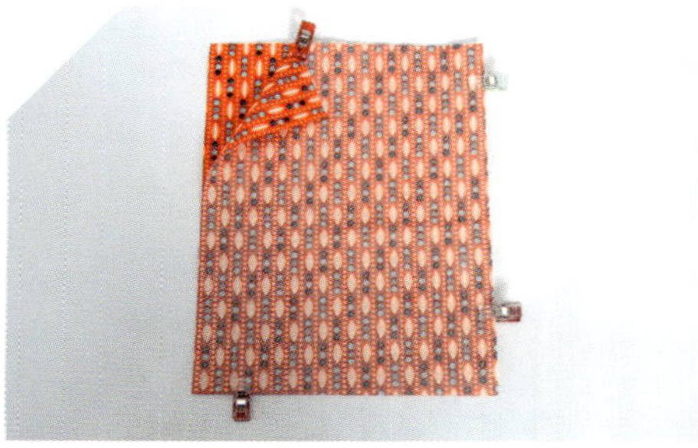

11 ▲

Placez les 2 pièces « porte-bloc » endroit contre endroit.

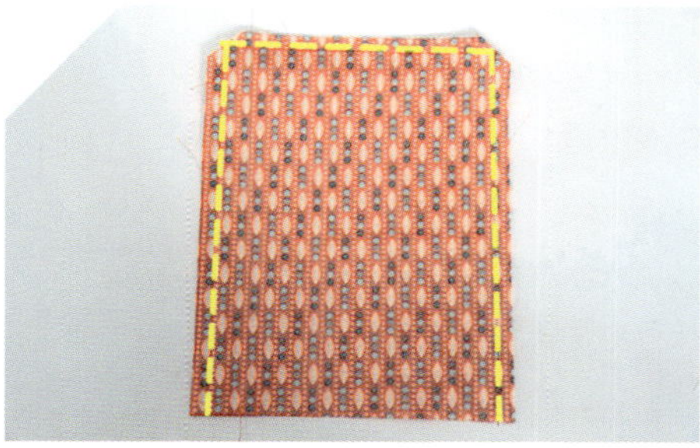

12 ▲

Cousez sur 3 côtés. Dégarnissez les 2 angles. Retournez le tout, repassez et faites une surpiqûre à 2 mm sur le haut.

13 ▲

Placez le porte-bloc sur la face intérieure de la pochette (21,5 cm du bord gauche et 11,5 cm du bord droite). Épinglez.

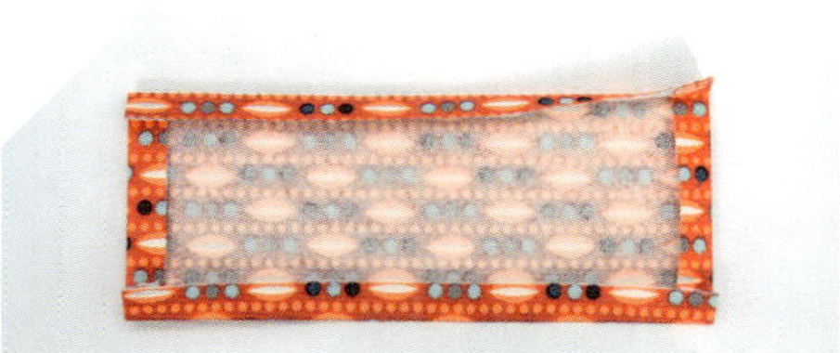

14 ▲

Sur l'anse, faites un repli de 1 cm sur chaque côté. Astuce : tracez un trait à 2 cm et repliez le bord du tissu sur cette ligne. Marquez les plis au fer à repasser.

15 ▲

Pliez l'anse en deux dans le sens de la longueur. Marquez au fer.

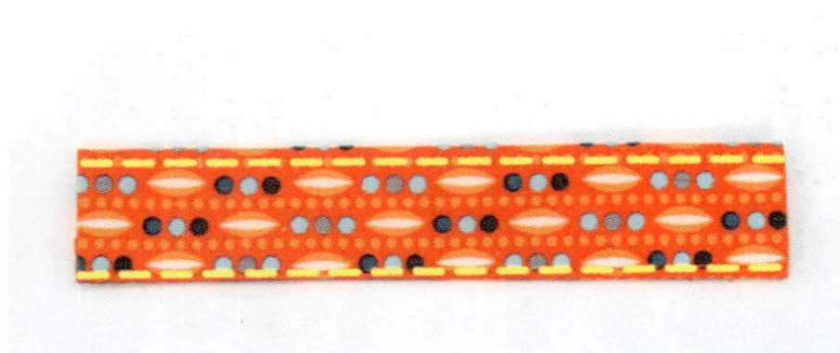

16 ▲

Surpiquez de chaque côté à 2 mm du bord.

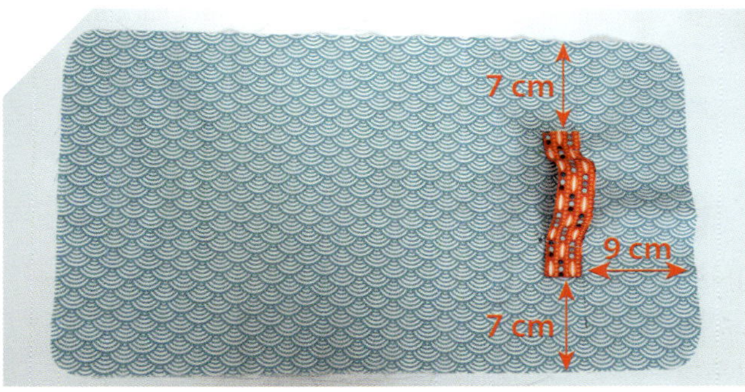

17 ◀

Placez l'anse sur la face extérieure de la pochette, épinglez.

18 ▲

Fixez chaque extrémité de l'anse en faisant un rectangle et une croix pour plus de solidité.

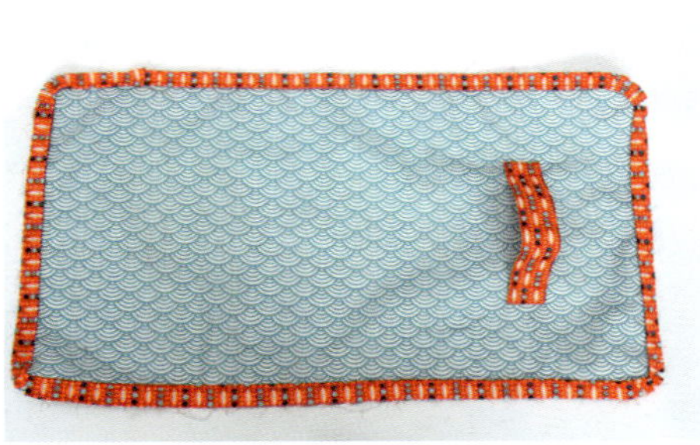

19 ▲

Fixez le passepoil à 1 cm du bord sur la face extérieure de la pochette. Vous pouvez personnaliser votre pochette en respectant la zone de personnalisation indiquée sur le schéma page 46.

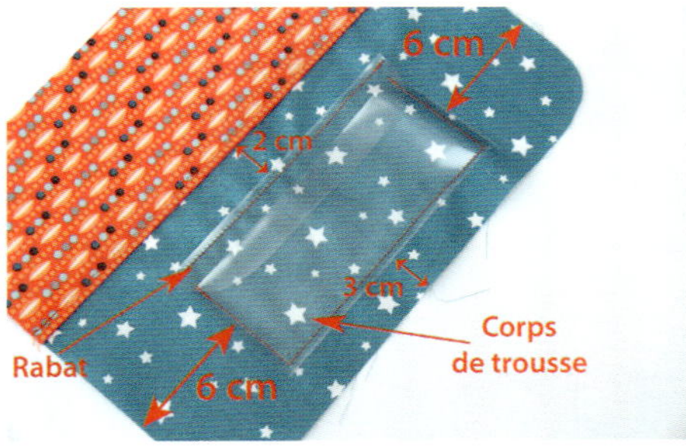

20 ▲

Fixez la pochette en cristal sur la face intérieure du sac. La trousse est centrée (6 cm de part et d'autre), le bas de la trousse est à 3 cm du bord droit et le haut du rabat à 2 cm du porte-bloc. Cousez à 2 mm des 3 côtés de la trousse et sur le haut du rabat. Le pied en Téflon est de mise pour une couture sans prise de tête.

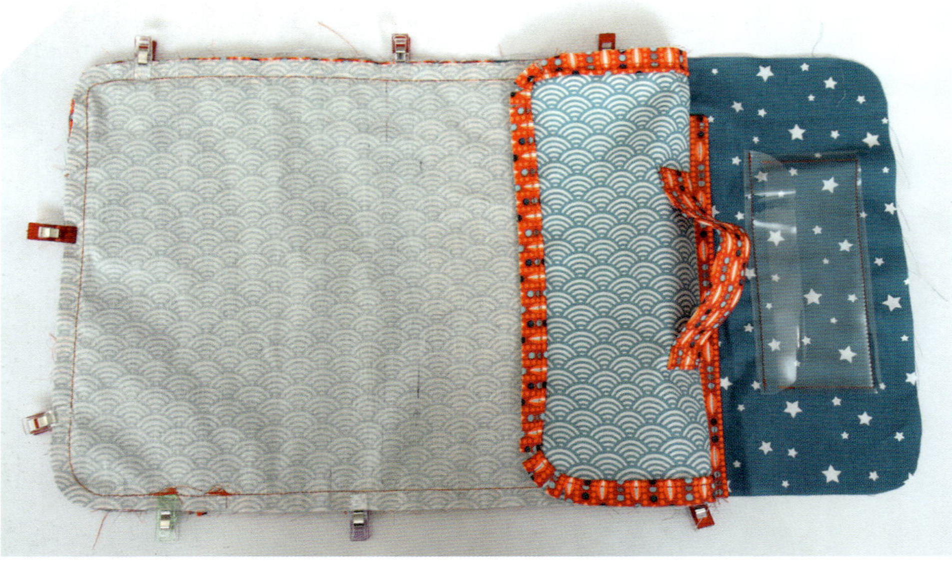

21 ◄

Superposez les 2 faces de la pochette, endroit contre endroit. L'anse se superpose à la pochette en cristal. Épinglez.

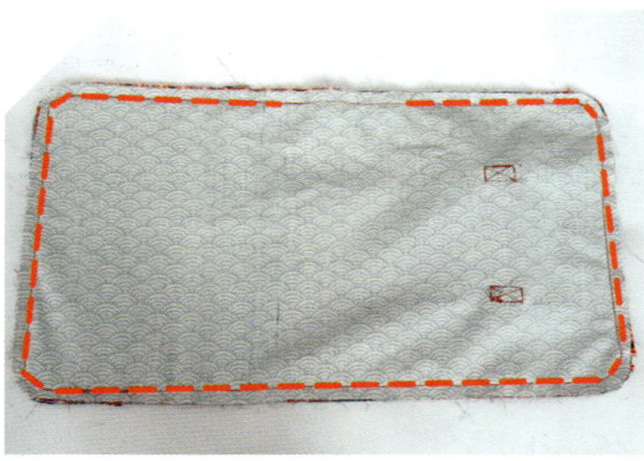

22 ▲

Cousez le long en suivant la couture de fixation du passepoil. Laissez une ouverture de 10 cm au-dessus du porte-bloc (qui vous permettra de retourner l'ouvrage).

23 ▲

Retournez délicatement par l'ouverture.

24 ▲

Roulez le renfort comme un parchemin et glissez-le par l'ouverture. Dépliez-le soigneusement dans la pochette.

25 ▲

Fixez la première partie de l'attache cartable (au milieu du côté trousse en cristal).

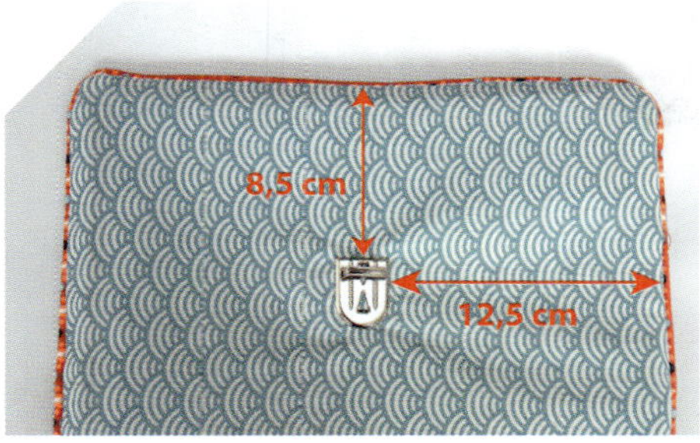

26 ▲

Fixez la seconde partie de l'attache cartable (côté trousse zippée) en traversant le renfort pour plus de solidité (8,5 cm du haut et 12,5 cm du côté).

27 ▲

Fermez l'ouverture à la main. Votre pochette est terminée.

ANTIGONE
la pochette goûter

Votre enfant retrouvera avec plaisir la pochette Antigone à l'heure du goûter. Sa matière plastifiée limite les problèmes en cas de fuite et facilite le lavage. Évidemment, elle peut être utilisée pour bien d'autres usages, je ne m'inquiète pas pour ça, vous avez de l'imagination !

FOURNITURES

- 25 cm de coton enduit , toile cirée ou tout autre tissu ne s'effilochant pas
- Une fermeture Éclair non séparable de 20 cm minimum

Avant de commencer...

Patron et coupe :
Planche : **A** - *Patron* : **BLEU** (3 pièces)

Tirettes du zip : un rectangle de 4 cm (hauteur) sur 5 cm (largeur) à couper 2 fois.

Techniques :
- Page 20 : patronner, couper le tissu et thermocoller
- Page 12 : astuces Couture
- Page 25 : personnaliser sa création

Astuce

Le pied de biche en Téflon assure une couture des tissus plastifiés « les doigts dans le nez ».

DIMENSIONS :
Hauteur : 17 cm, largeur : 18 cm, profondeur : 3 cm

DIFFICULTÉ : 1/5

COMMENT FAIRE ?

1

Coupez les 5 pièces qui composent votre pochette.

2

Faites un petit repli le long des 2 grands côtés des tirettes, marquez au fer. Pliez en deux. On obtient une tirette de 2,5 cm de long. Faites de même avec la seconde.

3

Placez la fermeture Éclair, endroit contre endroit avec la pièce « Haut devant ». Si vous avez pris une fermeture Éclair trop longue, pas de soucis, il suffit de la centrer comme sur la photo.

4

Cousez le long des dents du zip avec le pied spécial fermeture Éclair.

5

Voilà le résultat à cette étape.

6

Dépliez et couchez les coutures vers le tissu. Surpiquez le tout.

7

Voilà le résultat à cette étape.

8

Posez le bloc fermeture Éclair sur la « Bas devant » comme sur la photo. Les tissus sont endroit contre endroit. Épinglez.

9

Répétez les étapes 4 à 7. La pièce de Devant est terminée.

10

Placez les tirettes de part et d'autres de la fermeture Éclair. Les bords bruts du tissu sont vers l'extérieur. Épinglez.

11

Surpiquez les 2 tirettes pour les maintenir en place.

12

Coupez le surplus de fermeture Éclair et ouvrez-la sur la moitié (c'est super important !).

13

Superposez la pièce dos au bloc Devant, endroit contre endroit. Cousez le long ce chaque côté en respectant les valeurs de couture de 1 cm.

14

Crantez les 2 arrondis et dégarnissez les coutures.

15

Ouvrez un angle en alignant les 2 coutures, endroit contre endroit. Épinglez et cousez. Cela formera le fond de la pochette.

16

Répétez l'étape précédente sur l'autre angle. Dégarnissez les coutures.

17

Retournez la pochette par la fermeture Éclair laissée ouverte à l'étape 12.

MEPHISTO & MINI-MEPH
les besaces

Méphisto est une besace de taille idéale qui deviendra sans doute votre sac à main passe-partout. Équipée de poches arrondies intérieures et sous le rabat, cette besace est pratique en plus d'être mignonne. Pour accompagner vos loulous, j'ai créé Mini-Méph de taille réduite avec ses oreilles et bouille de chat. De quoi faire un joli duo maman/petite fille !

FOURNITURES

Méphisto - [Mini-Méph]

- Tissu extérieur : 45 - [35] cm de tissu avec de la tenue comme la suédine, simili-cuir, jacquard, tissu d'ameublement en laize de 140 cm
- Doublure : 45 - [35] cm de coton type coton en laize de 140 cm (60 - [50] cm en laize de 110 cm)
- *Facultatif* : 180 cm - [150 cm] de passepoil assorti
- 1 fermoir aimanté
- 1 bouton et un morceau de flex pour customiser mini-Méph

Avant de commencer...

Je vous montre l'assemblage de Mini-Méph, le chat. Pour réaliser la version femme, il suffit de zapper les étapes de customisation (moustache, nez et oreilles).

Patron et coupe :

Méphisto :
Planche : **B** - *Patron* : **BLEU** (4 pièces)

Mini -Méph :
Planche : **B** - *Patron* : **VERT** (5 pièces)

Anse :
- **Méphisto :** couper une bande de 100 x 6 cm pour une stature de 170 cm. Ajouter ou supprimer des cm en fonction de votre stature.
- **Mini -Méph :** couper une bande de 90 x 5 cm.

Techniques :
- Page 20 : patronner, couper le tissu et thermocoller
- Page 12 : astuces Couture
- Page 22 : poser du passepoil
- Page 29 : poser un fermoir
- Page 28 : personnalisation pour savoir poser du flex

Remarque

Si vous souhaitez utiliser du tissu fin pour l'extérieur de votre sac, veillez à entoiler toutes les pièces de doublure du sac avec du thermocollant type Vlieseline Decovil Light. Vous pouvez aussi utiliser du Jeffy comme tripliure (couche entre la doublure et le tissu extérieur).

Astuce

La customisation de Mini-Méph peut se faire en brodant les moustaches, en collant des appliqués, en cousant simplement à la machine avec un point spécial et un fil contrastant, avec de la peinture à tissu...

DIMENSIONS :

Méphisto :
Largeur : 26 cm, hauteur : 20 cm, profondeur : 8 cm

Mini-Méph :
Largeur : 21 cm, hauteur : 16 cm, profondeur : 6 cm

DIFFICULTÉ : 3/5

COMMENT FAIRE ?

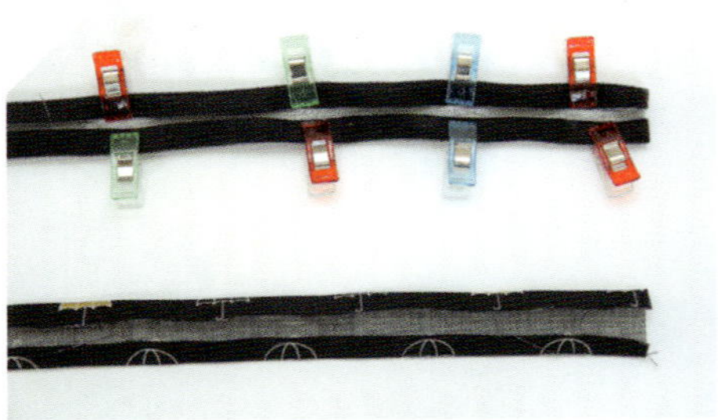

1

Faites un repli de 1 cm de part et d'autre de chaque pièce de l'anse. Mon astuce : tracez un trait à 2 cm du bord sur l'envers tout le long et repliez l'extrémité du tissu sur cette ligne. Repassez. Si le tissu ne le permet pas, épinglez ou pincez pour maintenir les plis.

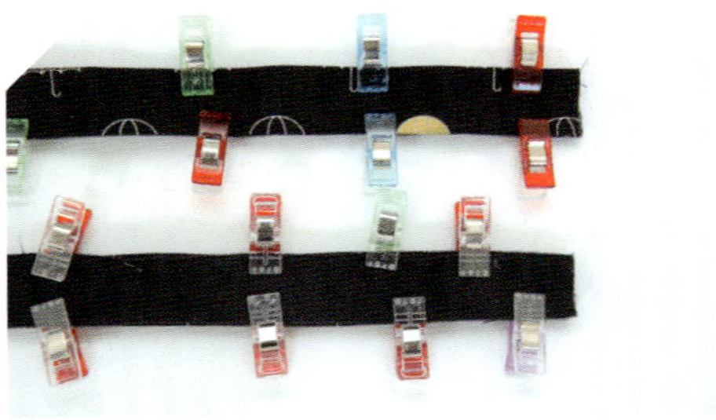

2

Superposez les 2 pièces de tissus envers contre envers, raccordez bien les replis et épinglez.

3

Surpiquez à 2 mm le long de chaque côté. Votre anse doublée est terminée.

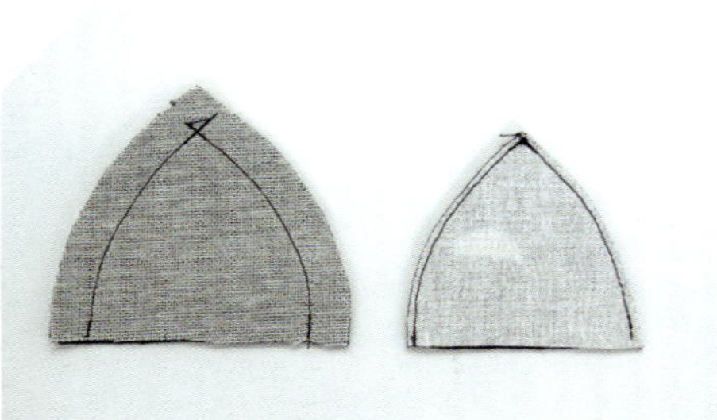

4

[version MINI-MEPH] Placez les 2 pièces composant une oreille endroit contre endroit. Cousez à 1 cm, dégarnissez la pointe et les surplus de couture.

5

[version MINI-MEPH] Retournez les oreilles, sortez les angles à l'aide d'une aiguille à tricoter ou baguette chinoise et mettez-les de côté, sous presse.

6

Facultatif : posez le passepoil sur l'une des pièces composant la poche extérieure. N'hésitez pas à cranter le passepoil avant sa couture au niveau de l'arrondi du milieu.

7

Placez les 2 pièces de la poche extérieure endroit contre endroit. Épinglez et cousez en suivant la couture de fixation du passepoil. Crantez le long des arrondis et dégarnissez l'angle central.

8

Retournez la pièce et surpiquez le long de l'arrondi.

9

Répétez les étapes 7 et 8 avec la poche intérieure (sans la pose du passepoil).

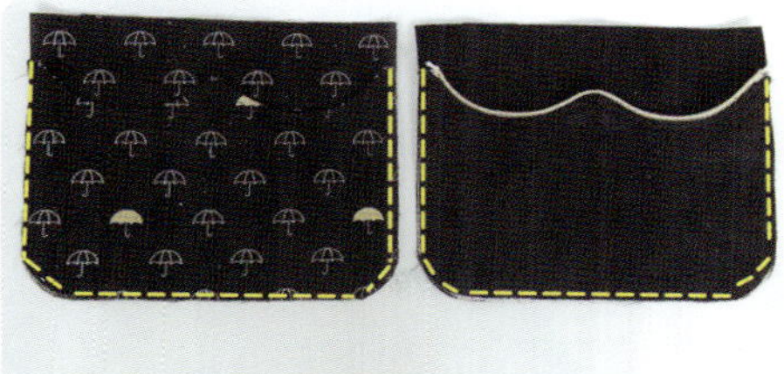

10 ▲

Placez la poche intérieure sur une des faces du sac (doublure). La face est endroit contre envers de la poche. Faites de même avec la poche extérieure et la face extérieure du sac. Alignez les bords bas des tissus. Surpiquez à 2 mm du bord pour fixer face et poche ensemble.

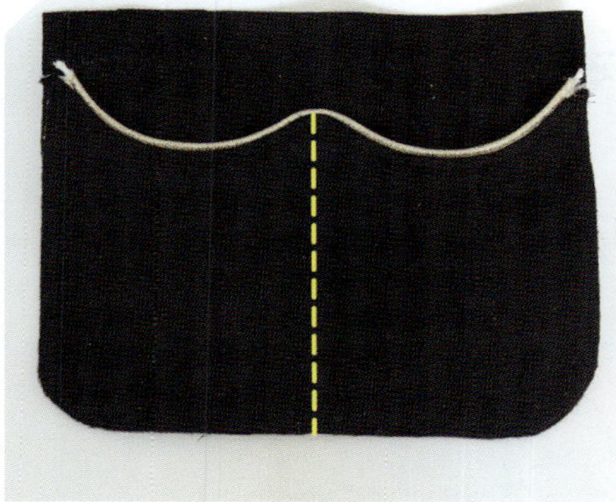

11 ▲

Surpiquez au milieu de chaque poche pour la diviser en deux.

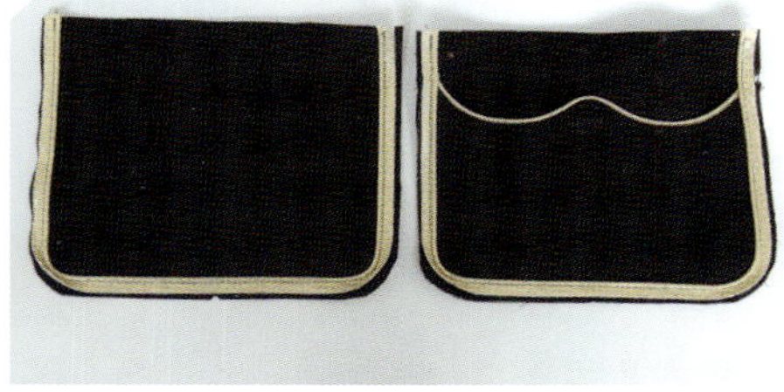

12 ▲

Facultatif : posez le passepoil sur les 2 faces du sac dans le tissu extérieur. Crantez le passepoil au niveau des arrondis avant la couture s'il se pose difficilement.

13 ▲

Positionnez la bande de pourtour (tissu extérieur) sur une des faces du sac (tissu extérieur), endroit contre endroit. Alignez le milieu des 2 pièces de tissus et épinglez en remontant de chaque côté. Cousez tout le long en suivant la couture de fixation du passepoil. Au niveau des arrondis, il est possible de pré-cranter la bande, sa pose en sera facilitée.

14 ▲

Répétez l'étape 13 avec la seconde face du sac. Crantez les arrondis. Coupez le surplus de tissu aux extrémités de la bande si besoin.

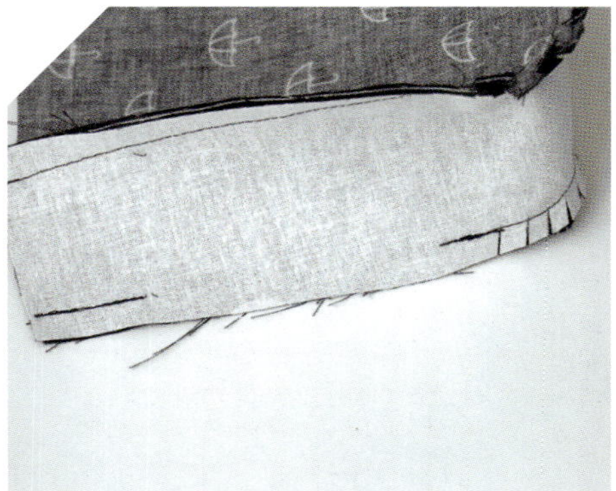

15 ▲

Répétez les étapes 13 et 14 avec les pièces de doublure en laissant une ouverture de 10 cm au milieu d'un des côtés (pour pouvoir retourner le sac à la fin).

16 ◄

[version MINI-MEPH] Sur le rabat en tissu extérieur, posez des bandes de flex au niveau des moustaches et repassez. Si le tissu est synthétique, n'hésitez pas à baisser la température du fer à repasser et à superposer 2 feuilles de papier cuisson. Allez-y délicatement pour ne pas faire fondre le tissu.

17 ▲

[version MINI-MEPH] Cousez un bouton en guise de nez.

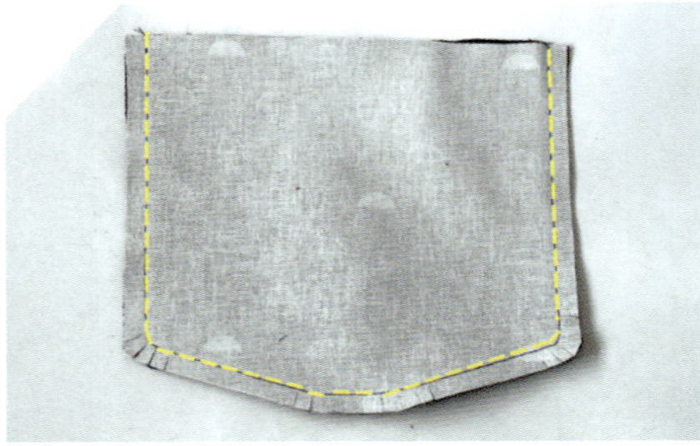

18 ▲

Positionnez les 2 pièces rabat endroit contre endroit et cousez le long sauf en haut. Crantez les arrondis et dégarnissez les coutures en laissant 0,5 cm de surplus.

19 ▲

Retournez le rabat par le haut, sortez les angles et surpiquez tout le tour à 2 mm du bord.

20 ▲

Posez la fermeture (ici un fermoir magnétique) en utilisant les repères indiqués sur le patron.

21 ▲

[version MINI-MEPH]. Positionnez les oreilles sur la face extérieure du rabat (la doublure des oreilles contre le tissu extérieur du rabat). Fixez par une surpiqûre.

22 ▲

Centrez les anses sur le côté du tissu extérieur, endroit contre endroit. Surpiquez près du bord pour maintenir le tout.

23 ▲

Placez le rabat au dos du sac extérieur, endroit contre endroit en le centrant. Les oreilles de Mini Meph sont prises en sandwich. Surpiquez pour maintenir le tout.

24 ▲

Voilà le résultat à cette étape.

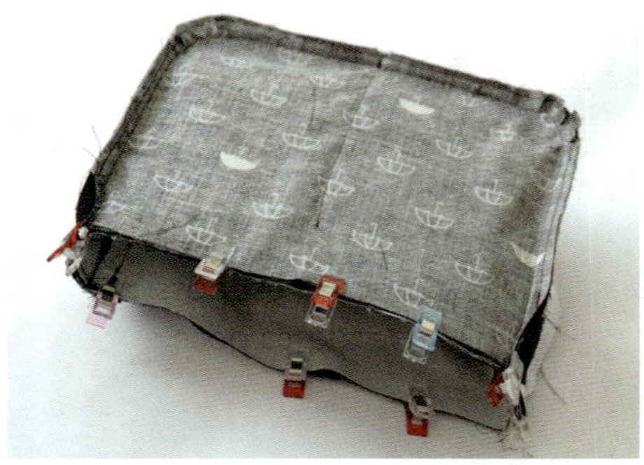

25 ▲

Placez les sacs l'un dans l'autre, endroit contre endroit. La poche intérieure doit être côté rabat. Le rabat et l'anse se trouvent pris en sandwich entre les 2 épaisseurs de tissu. Épinglez en faisant correspondre les coutures.

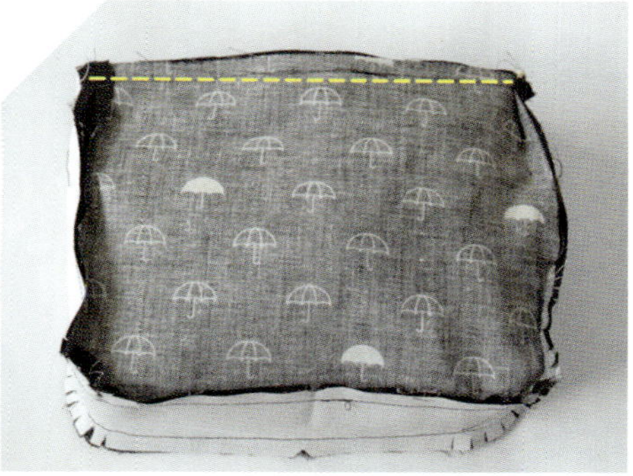

26

Libérez le bras libre de la machine et cousez tout le long, délicatement. Aidez le tissu à avancer si ça bloque au passage de grosses épaisseurs. Dégarnissez les coutures.

27

Retournez le tout par l'ouverture laissée à l'étape 15. Procédez délicatement pour ne pas faire exploser la couture.

28

Rentrez la doublure à l'intérieur du sac et positionnez correctement les tissus. Épinglez.

29

Surpiquez autour du sac, délicatement et en allongeant la longueur de votre point pour une jolie surpiqûre.

30

Fermez l'ouverture laissée dans la doublure à la main ou avec une couture machine. Votre sac est terminé !

Les accessoires *pour les parents*

Sac Arès (grand format)
et sac Hadès

ADONIS

le sac zippé

Ce sac à main illuminera littéralement vos journées. De belle taille avec ses 2 poches intérieures pratiques, ses anses en cuir, son zip en retrait pour une sécurité totale en toute discrétion, c'est le sac à main idéal. À vous de mixer les textures et couleurs pour vous la jouer discrète ou pimpante.

FOURNITURES

- A : 15 cm de lin (ici enduit métallisé)
- B : 10 cm de simili-cuir pailleté
- C : 40 cm de suédine d'ameublement
- D : 65 cm de cotonnade pour la doublure et les poches
- Une fermeture Éclair non séparable d'au moins 35 cm
- Une bande de cuir de 125 cm sur 2 à 3 cm de large
- 8 rivets pour cuir

Remarque

Si vous souhaitez utiliser du tissu fin pour l'extérieur de votre sac, veillez à entoiler toutes les pièces qui composent la doublure avec du thermocollant type vlieseline H250 ou Décovil light pour encore plus de tenue.

Avant de commencer...

Patron et coupe :

Bande du Haut : rectangle de 42 cm (largeur) x 11 cm (hauteur) à couper 2 fois dans le tissu A.

Bande du Milieu : rectangle de 42 cm (largeur) x 10 cm (hauteur) à couper 2 fois dans le tissu B.

Fond du sac : à couper 1 fois dans le tissu C.

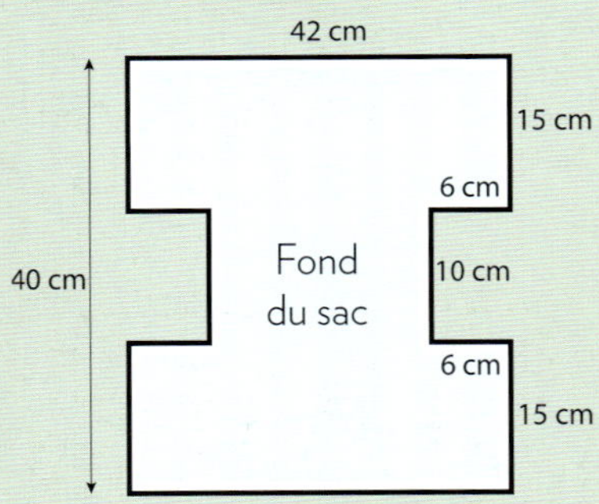

Doublure : à couper 1 fois dans le tissu D.

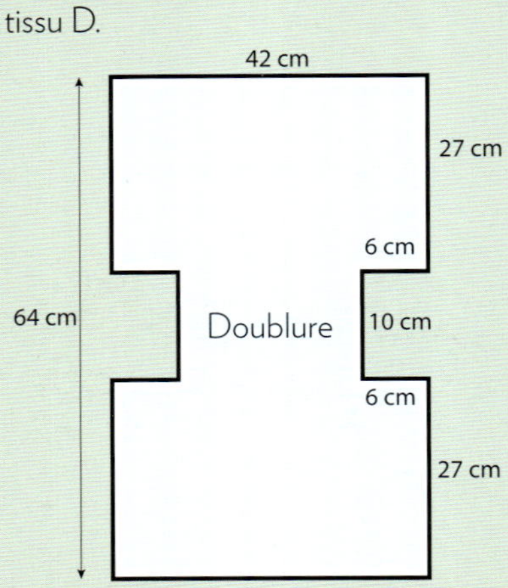

Haut du Zip : rectangle de 42 cm (largeur) x 7 cm (hauteur) à couper 2 fois dans le tissu D.

Côté du Zip : rectangle de 35 cm (largeur) x 4,5 cm (hauteur) à couper 4 fois dans le tissu D.

Bout du Zip : rectangle de 7 cm (largeur) x 5 cm (hauteur) à couper 2 fois dans le tissu D.

Poche à soufflets : rectangle de 30 cm (largeur) x 18 cm (hauteur) à couper 2 fois dans le tissu D.

Poche plaquée : rectangle de 22 cm (largeur) x 17 cm (hauteur) à couper 2 fois dans le tissu D.

Techniques :

- Page 20 : patronner, couper le tissu et thermocoller
- Page 12 : astuces Couture
- Page 25 : personnaliser sa création

Astuce

Vous pouvez opter pour plus de simplicité en enlevant le bloc fermeture éclair (dans ce cas, la pièce doublure mesurera 74 cm de hauteur totale au lieu de 64 comme sur le schéma). Vous pouvez changer l'extérieur en modifiant le patchwork extérieur, changer le montage des anses comme pour le sac Hadès. Vous obtenez ainsi un sac type cabas. C'est la finalité de la couture, n'avoir aucune limite et mixer des techniques glanées partout.

DIMENSIONS :
Largeur : 28 cm, hauteur : 30 cm, profondeur : 8 cm

DIFFICULTÉ : 4/5

COMMENT FAIRE ?

1

Prenez la pièce du fond et superposez les bandes du milieu, endroit contre endroit.

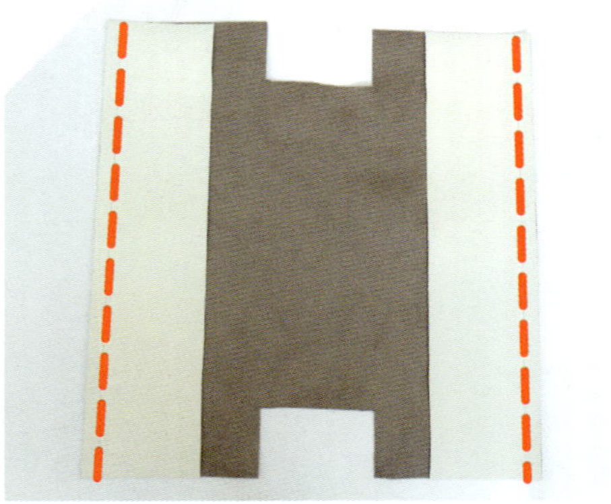

2

Cousez le long des 2 côtés.

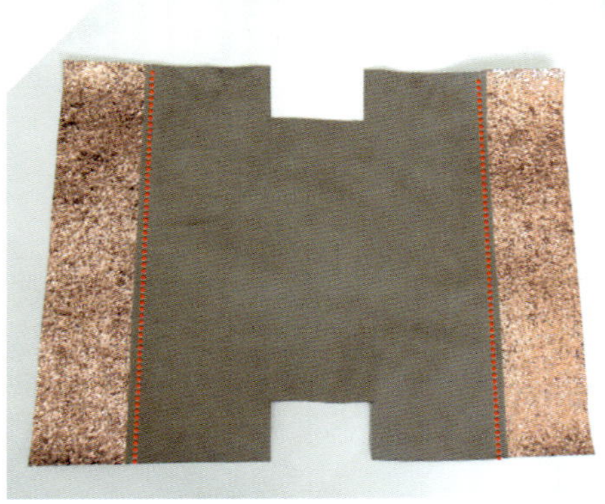

3

Dépliez et couchez les surplus de couture du côté de la pièce du fond. Surpiquez tout le long. Cette surpiqûre va donner du corps au sac et empêcher que les coutures gondolent.

4

Répétez les étapes 1 à 3 avec la bande du haut. Couchez les coutures du côté de la bande du milieu et surpiquez.

5

Prenez les 2 pièces de la poche à soufflet endroit contre endroit et épinglez.

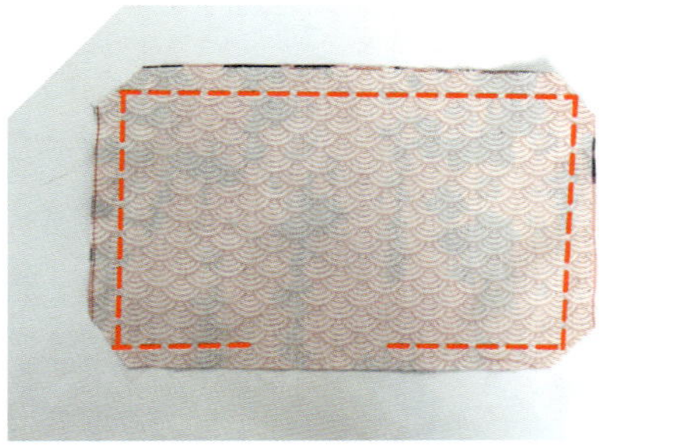

6

Cousez sur les 4 côtés en laissant une ouverture de 6 cm au milieu du bas. Dégarnissez les angles.

7

Retournez la poche par l'ouverture. Faites sortir les angles (à l'aide d'une aiguille à tricoter ou une baguette chinoise). Repassez. Faites de même avec les 2 pièces de la poche plaquée.

8

Positionnez la poche à soufflet endroit vers vous, faites un repli de 2 cm de chaque côté. Surpiquez à 2 mm le long.

9

Faites un second repli dans l'autre sens (à la manière d'un accordéon). Marquez au fer à repasser et surpiquez de nouveau ces plis à 2 mm du bord.

10

Voici le résultat de notre pliage.

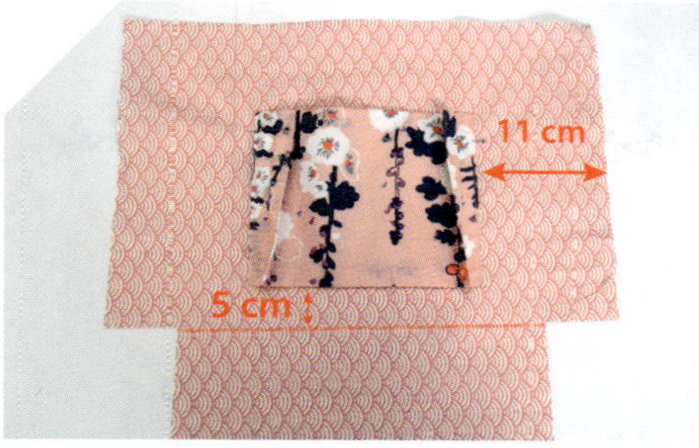

11

Placez la poche sur la doublure du sac à 11 cm du côté et 5 cm du fond. Épinglez.

12

Surpiquez à 2 mm du bord le 1er pli (comme sur la photo). Épinglez l'autre pli au centre de la poche pour qu'il ne gène pas.

13

Superposez les plis et surpiquez tout le long à 2 mm du bas de la poche.

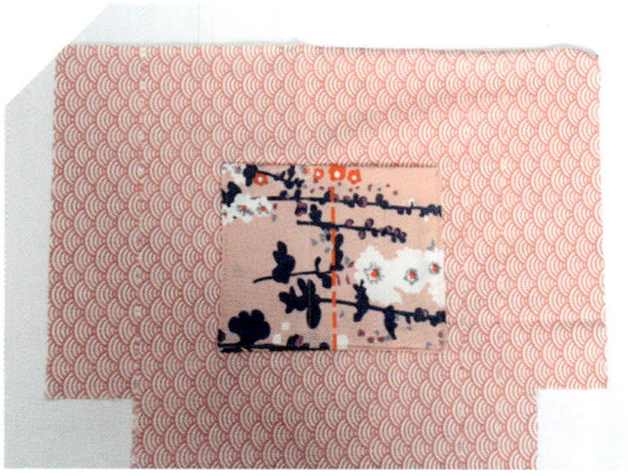

14

Faites une couture au centre de la poche pour la diviser en 2. Si vous voulez y ranger votre téléphone, je vous conseille de le glisser dans la poche et de coudre en suivant son contour pour une poche sur mesure.

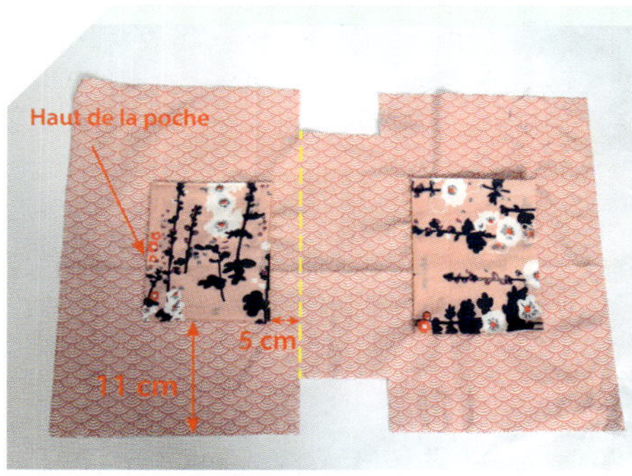

15

Placez la poche plaquée (de l'étape 7) sur la doublure du sac à 11 cm du côté et 5 cm du fond. Épinglez et surpiquez sur les 3 côtés pour la fixer.

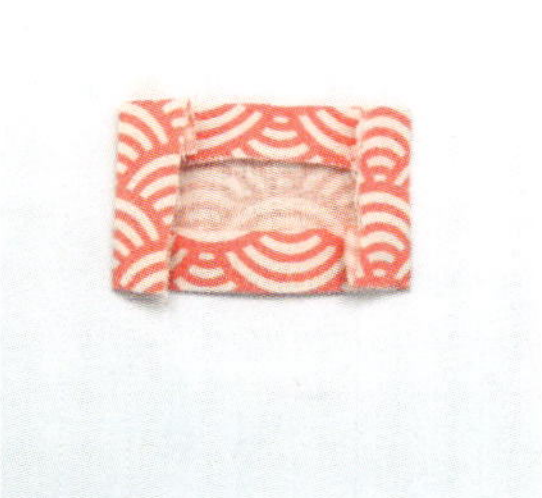

16

Faites un repli de 1 cm sur chaque côté de la pièce du bout de zip. Marquez les plis au fer à repasser.

17

Pliez la pièce en deux sur la longueur. Répétez les étapes 16 et 17 avec la seconde pièce du bout de zip.

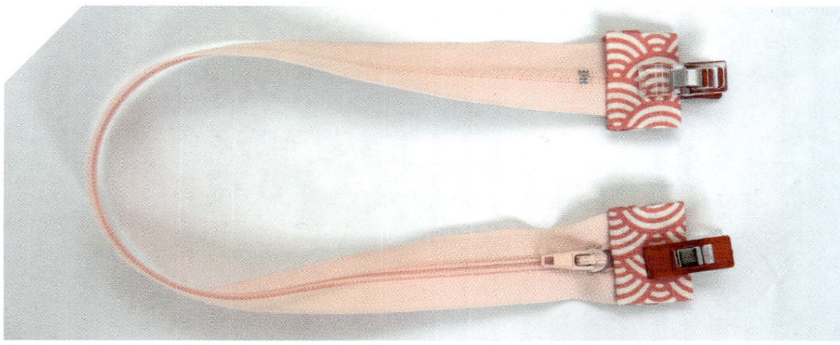

18

Si la fermeture fait plus de 35 cm, coupez-la à dimension. Prenez en sandwich les extrémités du zip avec les pièces précédemment pliées. Épinglez.

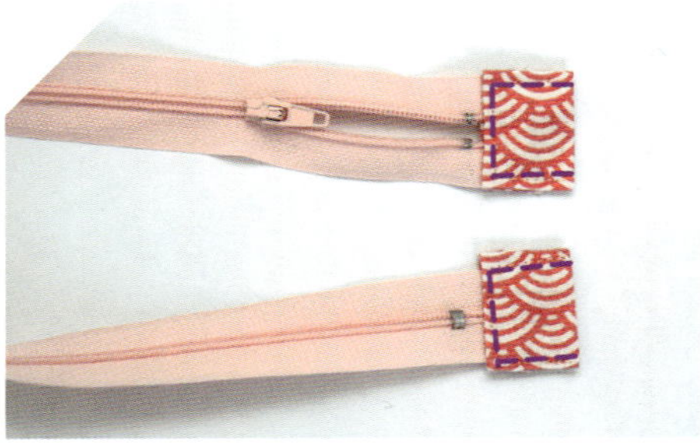

19 ▲

Surpiquez sur 3 côtés pour maintenir les 2 pièces solidement.

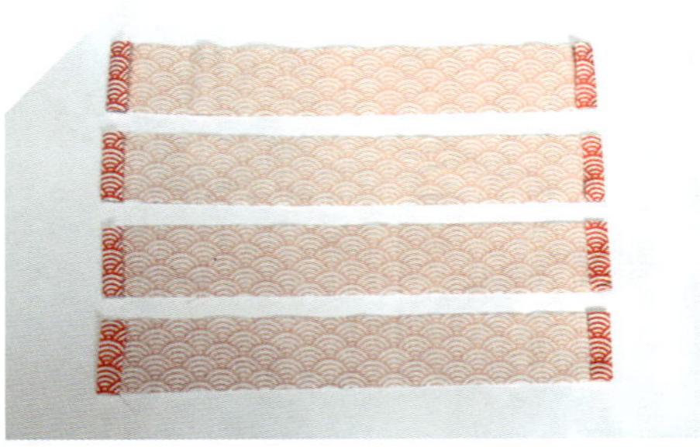

20 ▲

Faites un repli de 1 cm à chaque extrémité des 4 pièces « côtés du zip ».

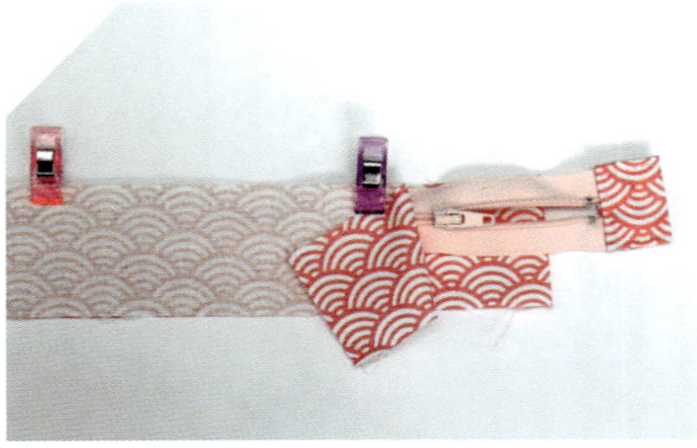

21 ▲

Placez 2 pièces « côtés du zip » de part et d'autre de la fermeture Éclair, en les centrant. Épinglez. La fermeture Éclair dépasse de quelques cm de part et d'autre.

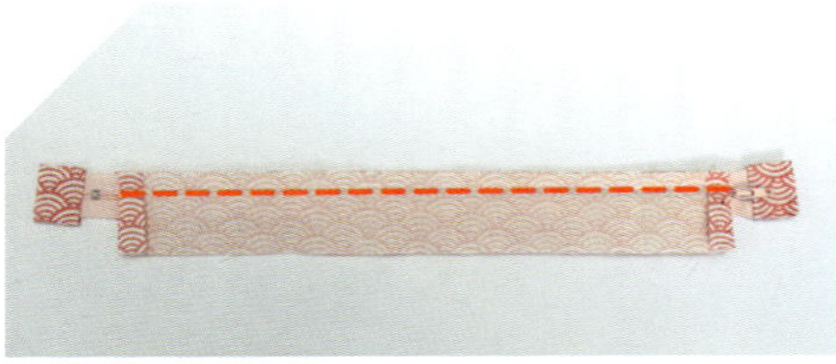

22 ▲

Cousez tout le long à l'aide du pied spécial fermeture Éclair afin de coudre au plus près des dents du zip.

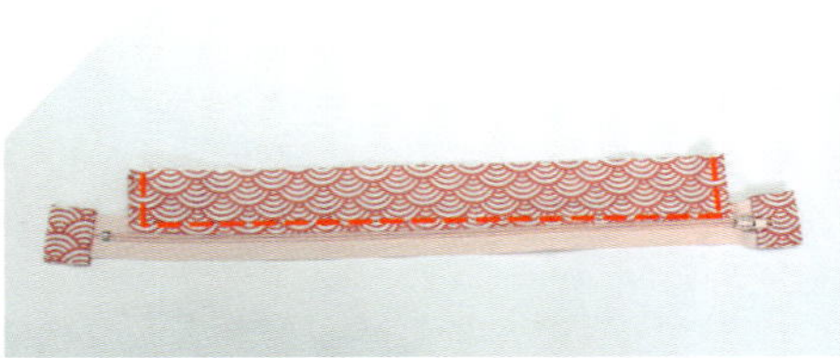

23 ▲

Dépliez et épinglez les pièces envers contre envers. Surpiquez sur les 3 côtés à 2 mm du bord.

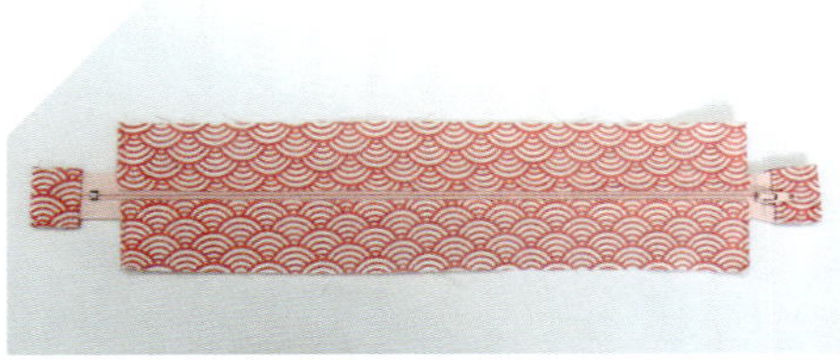

24 ▲

Répétez les étapes 21 à 23 avec les 2 autres pièces « côtés du zip ». Le bloc fermeture Éclair est assemblé.

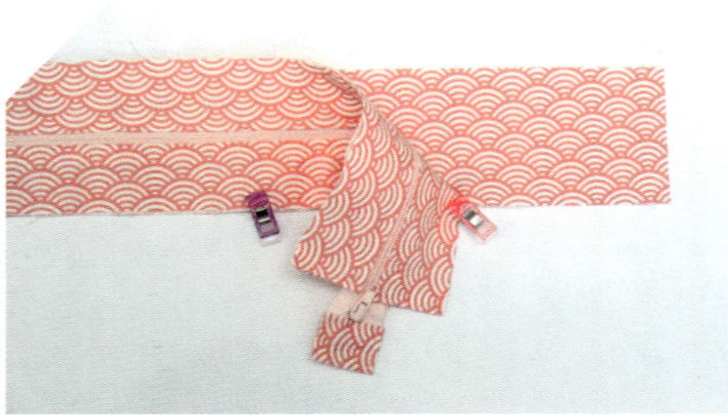

25 ▲

Prenez une des pièces « haut du sac » et positionnez le bloc fermeture Éclair endroit contre endroit en le centrant.

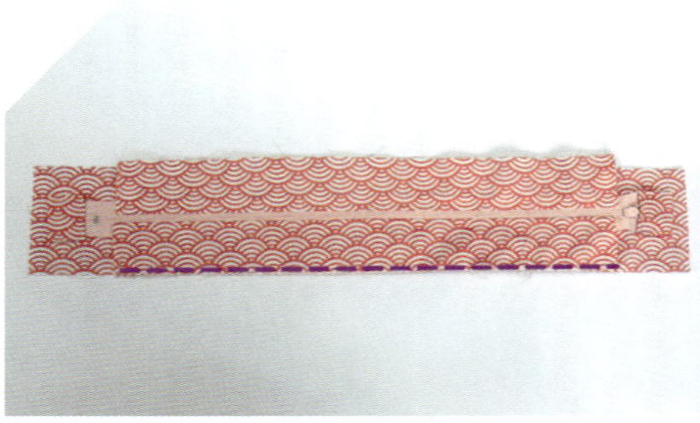

26 ▲

Cousez le long à quelques millimètres du bord. C'est une piqûre de confort pour la suite, les pièces sont solidaires désormais.

27 ▲

Répétez les étapes 25 et 26 avec la seconde pièce « haut du sac ».

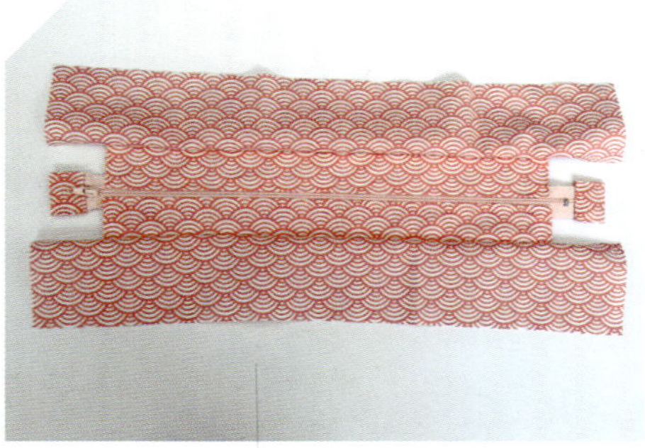

28 ◀

Voici le résultat à cette étape.

29 ▶

Placez le bloc fermeture Éclair sur la doublure du sac, comme sur la photo. La couture précédente se trouve au niveau des pinces.

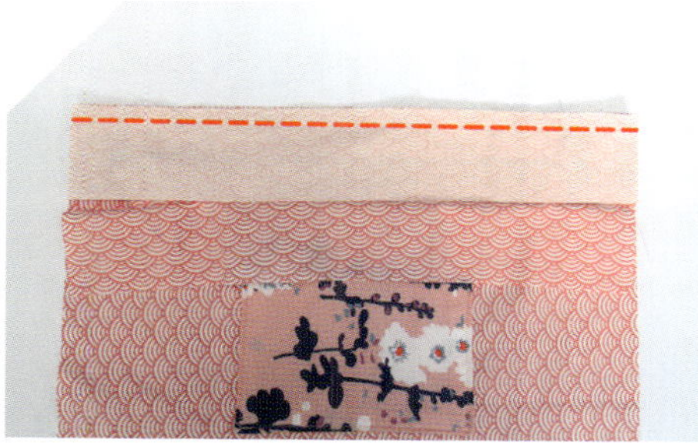

30

Cousez à 1 cm tout le long (sur la surpiqûre faite à l'étape 26).

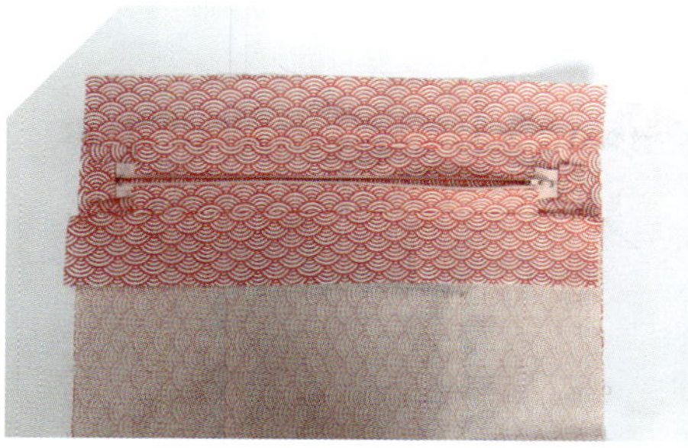

31

Voilà le résultat à cette étape. Le bloc fermeture est fixé à la doublure du sac sur un côté. Répétez les étapes 29 et 30 avec l'autre côté pour former un « tube ».

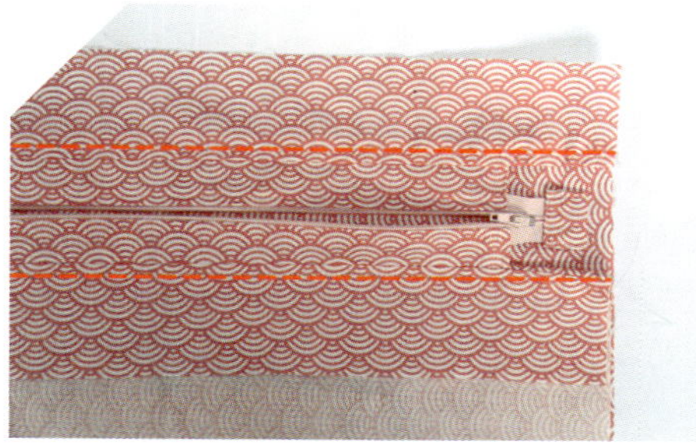

32

Surpiquez les coutures précédentes en couchant les surplus de couture vers la doublure (en ne cousant que les pièces zip, pas la pièce doublure).
Ouvrez le zip (super important !).

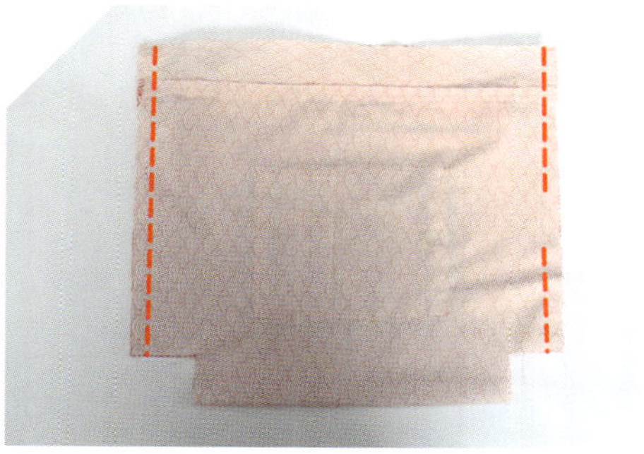

33

Pliez la doublure du sac endroit contre endroit. Cousez le long des 2 côtés en veillant à laisser une ouverture de 10 cm au milieu d'un des côtés.

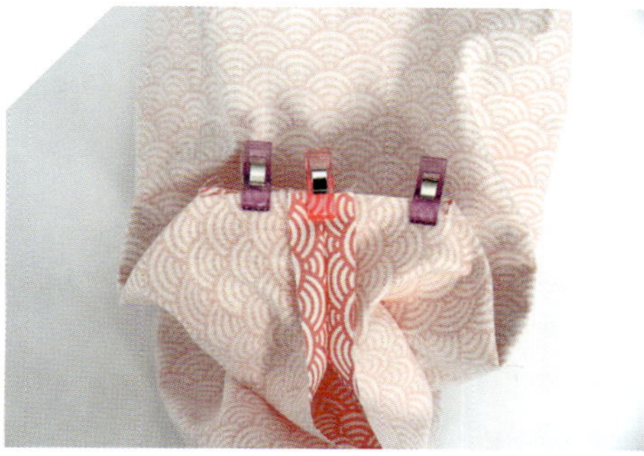

34

Ouvrez les angles et positionnez la couture côté ouverte au centre. Épinglez. Cousez le long. Faites de même avec le second angle.

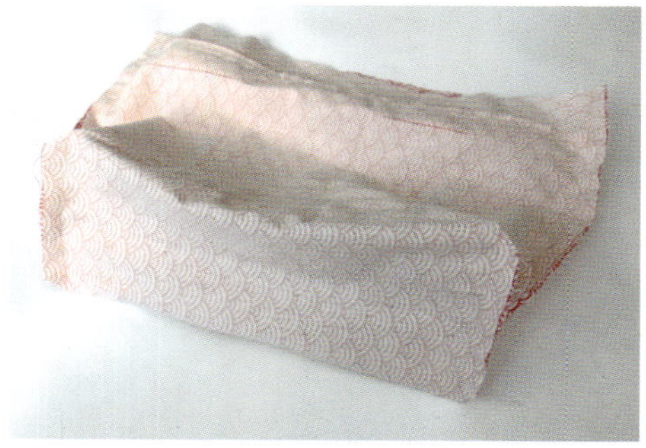

35

Le fond du sac vient d'être créé.

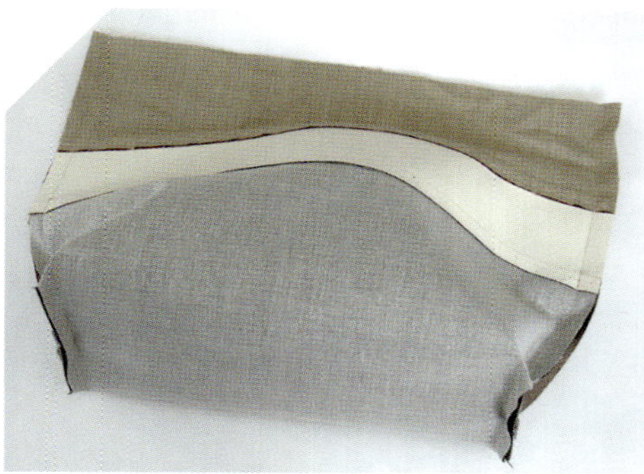

36

Répétez les étapes 33 à 35 avec l'extérieur du sac (sans laisser d'ouverture dans la doublure à l'étape 33).

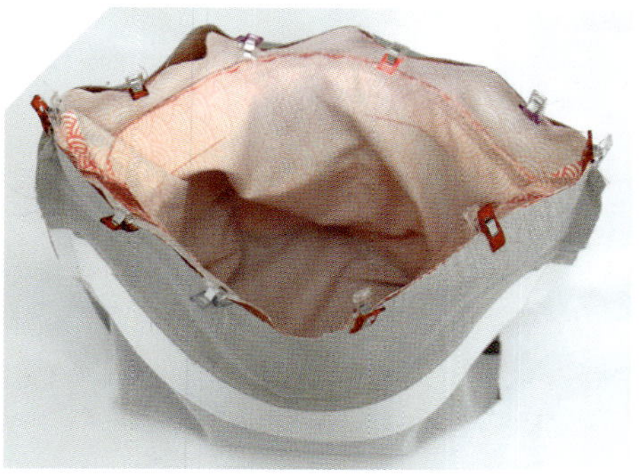

37

Placez les sacs l'un dans l'autre, endroit contre endroit. Ouvrez et alignez les coutures de côtés. Épinglez soigneusement tout le long.

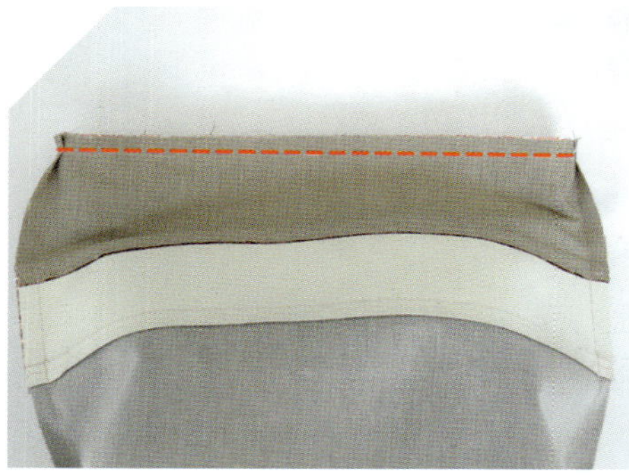

38

Libérez le bras libre de la machine et cousez tout le tour.

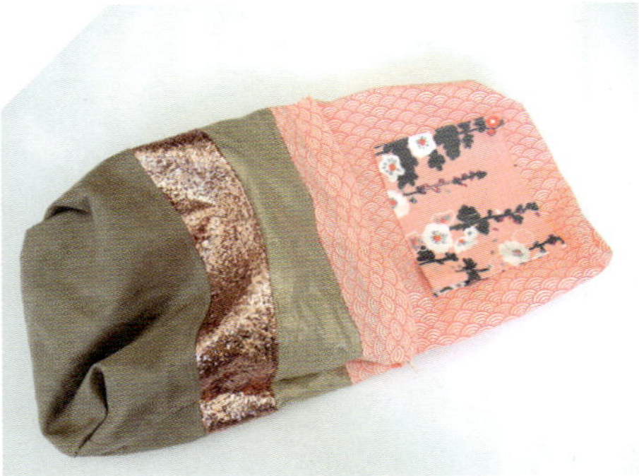

39

Retournez le tout par l'ouverture laissée dans la doublure à l'étape 33.

40

Facultatif : pincez ou épinglez les 4 côtés qui forment le fond du sac. Cette étape va permettre de marquer le fond et lui donner plus de tenue. Si vous ne le sentez pas, zappez cette étape et la suivante.

41

Surpiquez à 2 mm du bord.

42

Mettez en place les tissus sur le haut du sac, épinglez et surpiquez à 2 mm du bord. Cette étape donnera de la tenue au sac et empêchera les tissus de glisser.

43

Fermez l'ouverture laissée dans la doublure à l'étape 33. Au choix : des points invisibles à la main (schéma page 13) ou une surpiqûre à la machine.

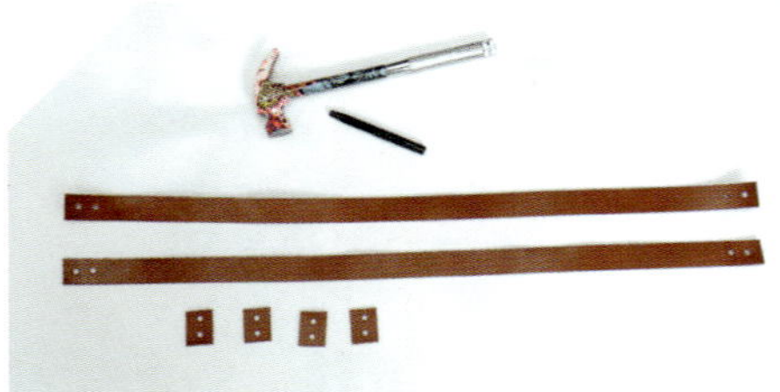

44

Coupez 2 anses de 55 cm dans la bande en cuir ainsi que 4 morceaux de 3 cm. Pré-percez les anses de 2 trous à chaque extrémité (j'ai utilisé un emporte-pièce de 3 mm et un marteau). Faites de même avec les 4 petites pièces en se servant d'une anse comme gabarit.

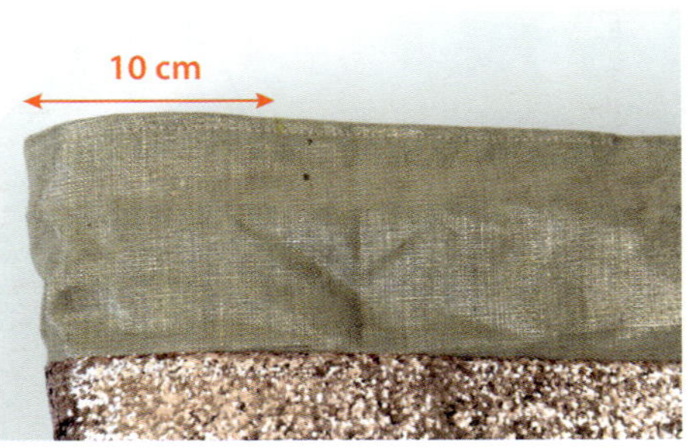

45

Placez les anses à 10 cm des coutures de côtés. Marquez au crayon les 2 trous en vous servant de l'anse comme gabarit.

46

Préparez les rivets à cuir. Ils se composent de 2 pièces à emboîter l'une dans l'autre à coup de marteau.

47

Placez le renfort de cuir côté doublure, l'anse côté tissu extérieur, traversez le tout avec un rivet et verrouillez avec un coup de marteau. Faites de même avec tous les autres trous. Votre sac est terminé !

Adonis version cabas (voir l'astuce page 64).

ARÈS
le sac à tout

Ce sac fourre-tout vous accompagnera partout, c'est le foudre de guerre des sacs : polyvalent, pratique, proposé en 2 tailles, il a tout pour plaire. Le mini fera un sac à main idéal, le maxi vous accompagnera lors de vos escapades touristiques ou trimballera parfaitement toutes les affaires du petit dernier chez la nounou.

FOURNITURES

[Petit / Grand Arès]

- [70 / 80] cm de tissu d'ameublement type velours, jacquard, suédine. Pour une fois qu'un projet couture permet l'utilisation de tissus bien épais, lâchez-vous !
- [55 / 65] cm de coton pour la doublure
- Une fermeture Éclair non séparable de [40 / 45] cm

Avant de commencer...

Patron et coupe :

Planche : **A**

Patrons : **VERT** pour le petit (2 pièces)
ROUGE pour le grand (2 pièces)

Anse Petit Modèle : couper un rectangle de 35 cm de large sur 16 cm de haut dans le tissu extérieur
Anse Grand Modèle : couper un rectangle de 38 cm de large sur 16 cm de haut dans le tissu extérieur
Extrémités du zip : 1 rectangle de 6 cm de large sur 4 cm de haut (à couper 2 fois dans le tissu extérieur et 2 fois dans la doublure)

Techniques :

- Page 20 : patronner, couper le tissu et thermocoller
- Page 12 : astuces Couture
- Page 25 : personnaliser sa création

Astuce

Si vous souhaitez utiliser du tissu fin pour l'extérieur de votre sac, veillez à entoiler toutes les pièces de doublure avec du thermocollant type vlieseline H250 ou plus épais.

DIMENSIONS :

Petit Fourre-Tout :
Largeur : 45 cm, hauteur : 50 cm, profondeur : 8 cm

Grand Fourre-Tout :
Largeur : 66 cm, hauteur : 58 cm, profondeur : 14 cm

DIFFICULTÉ : 2/5

COMMENT FAIRE ?

1 ▲

Positionnez le tissu extérieur et la doublure d'une des poches, endroit contre endroit. Épinglez.

2 ▲

Cousez autour en laissant une ouverture de 6-7 cm en haut de la poche.

3 ▲

Retournez la poche par l'ouverture, sortez bien les angles. Repassez et faites une surpiqûre en haut de la poche (qui donnera de la tenue et fermera l'ouverture).

4 ▲

Placez la poche sur une pièce de doublure du sac à 7 cm du haut. Épinglez.

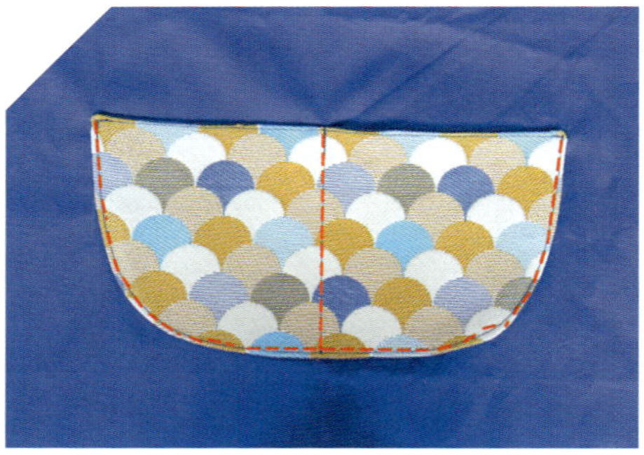

5 ▲

Surpiquez la poche sur le pourtour en insistant en haut en faisant des allers-retours pour solidifier. Faites une surpiqûre centrale pour séparer la poche en 2. Répétez les étapes 1 à 5 avec la seconde poche.

6 ▲

Positionnez comme sur la photo 2 extrémités de zip (doublure et tissu extérieur). L'extrémité de la fermeture est prise en sandwich entre les 2 morceaux de tissus. Épinglez.

7 ▲

Faites une couture solide. Dépliez les extrémités et faites une surpiqûre de maintien.

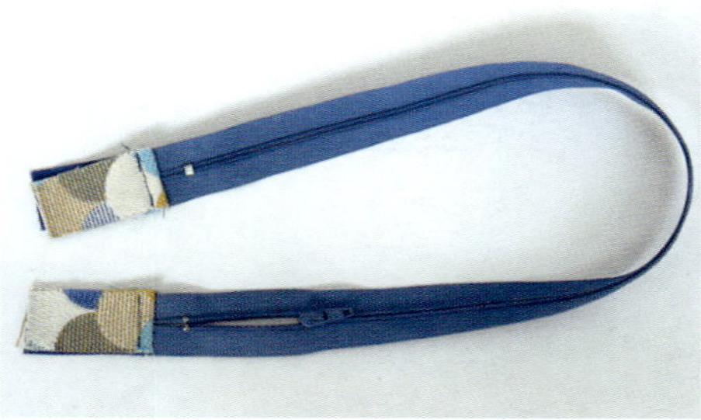

8 ▲

Répétez les étapes 6 et 7 avec l'autre extrémité de la fermeture Éclair.

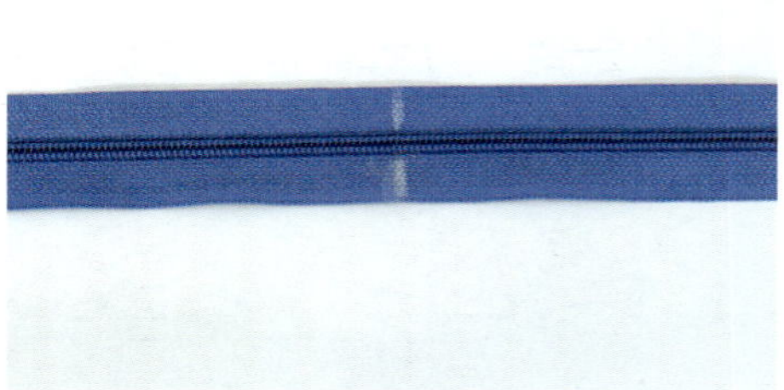

9 ▲

Marquez le centre de la fermeture Éclair.

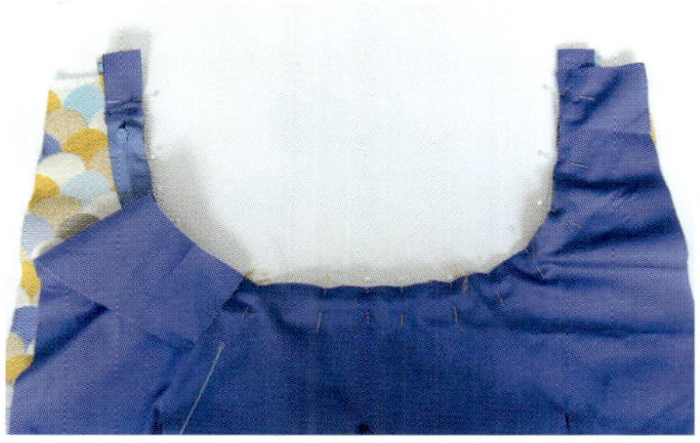

10

Positionnez une face en tissu extérieur vers vous, superposez la fermeture Éclair endroit contre endroit et recouvrez de la doublure. Les 2 tissus sont endroit contre endroit et la fermeture Éclair est prise en sandwich. Faites correspondre le milieu de chaque pièce et épinglez en remontant de chaque côté.

11

Cousez le tout avec le pied spécial fermeture Éclair. Si cette étape est trop complexe, faites-la en 2 temps. Cousez d'abord le zip sur la pièce en tissu extérieur. Puis ajoutez la doublure et refaites une couture.

12

Retournez les tissus, ils se retrouvent envers contre envers. Épinglez soigneusement. Surpiquez les 3 épaisseurs en suivant le zip. Il est possible que les bouts du zip dépassent, coupez-les au besoin.

13

Répétez les étapes 10 à 12 avec les 2 autres faces du sac. Coupez le surplus des extrémités du zip.

14

Voilà le résultat côté tissu extérieur à cette étape.

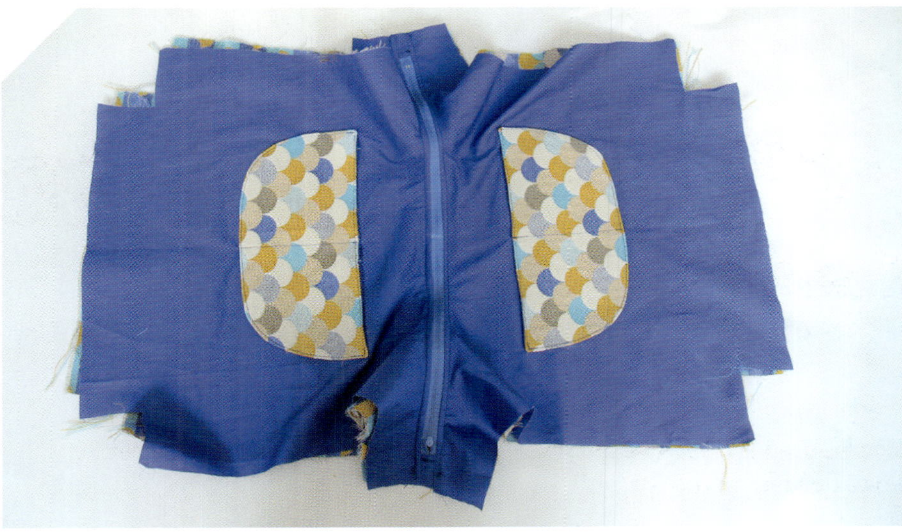

15

Voilà la résultat côté doublure à cette étape.

16

Prenez l'anse et pliez-la en deux (marquez le pli). Puis repliez chaque extrémité vers le centre et marquez les plis.

17

Pliez l'anse en deux et maintenez par des pinces ou des épingles.

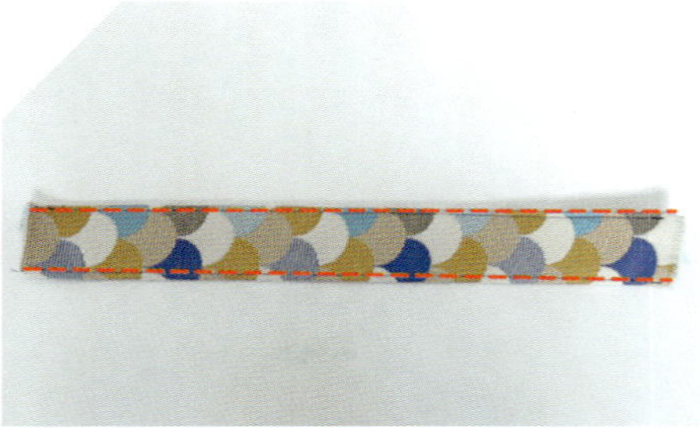

18

Surpiquez à 2 mm de chaque extrémité.

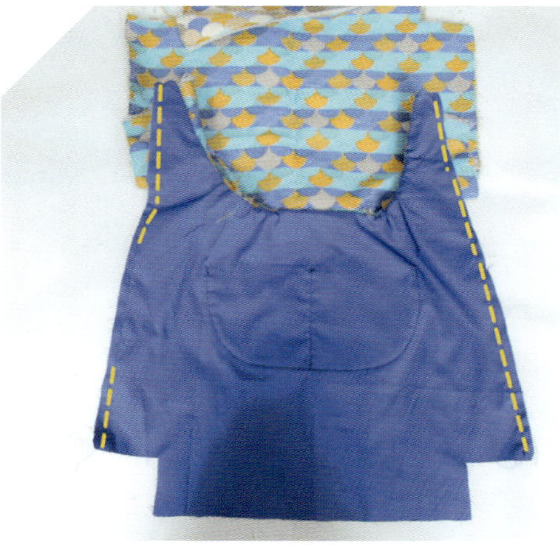

19

Positionnez les 2 pièces doublure endroit contre endroit et cousez le long des 2 côtés en laissant une ouverture de 8 cm au milieu d'un côté. Faites de même avec les 2 pièces de tissu extérieur sans laisser d'ouverture.

20

Glissez l'anse dans le « tube » de tissu extérieur. Placez la couture de côté au milieu de l'anse.

21

Épinglez. La doublure se superpose au tissu extérieur.

22

Cousez le long. Répétez les étapes 20 à 22 avec l'autre côté de l'anse. Attention à ne pas vriller l'anse.

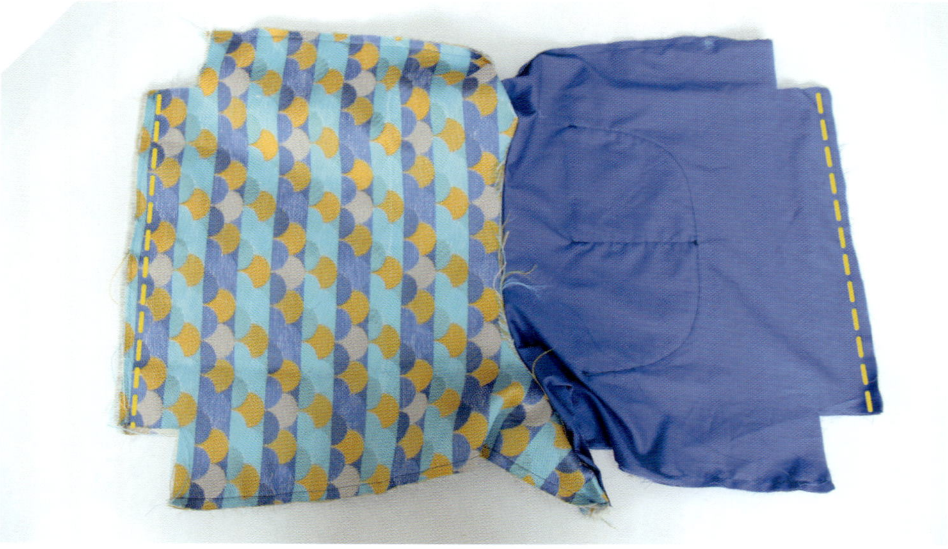

23

Placez le tissu extérieur endroit contre endroit et cousez le fond. Faites de même avec la doublure.

24

Ouvrez chaque angle et centrez les coutures de côté et du fond l'une sur l'autre.

25

Cousez le long. Faites de même avec les 3 autres angles. Le fond est ainsi formé.

26

Retournez délicatement le tout par l'ouverture laissée dans la doublure à l'étape 19.

27

Fermez l'ouverture laissée dans la doublure à la main ou à la machine. Glissez la doublure dans le sac et c'est terminé !

DIANE
la pochette zippée

La trousse ou pochette zippée est un classique de la couture. Diane va vous permettre d'appréhender la pose d'un zip (avec de jolies finitions) et la création ou non d'un fond. Pour qu'elle s'adapte au mieux à l'utilisation que vous souhaitez en faire, je vous propose différents formats et usages.

FOURNITURES

- Tissu extérieur : coton, lin, simili-cuir, coton enduit, toile cirée, tissu d'ameublement, bref un peu ce que vous voulez une fois que ce ne soit pas trop fin ni trop épais.
- Doublure : coton ou tissu enduit
- *Facultatif :* un thermocollant type Vliesline H250 à appliquer sur les pièces de doublure si vous souhaitez donner de la tenue à votre trousse (pour les trousses à crayon ou à maquillage par exemple).
- Une fermeture Éclair non séparable d'au moins la largeur de la pochette

Avant de commencer...

Format :

Je vous propose différents formats, à vous de choisir. Une fois le concept compris, vous pouvez faire votre pochette sur-mesure.

	Cm de tissu extérieur sur la laize	Cm de doublure sur la laize	Taille minimum du zip
Pochette passe-partout	20	20	25
Trousse à crayons	15	15	25
Trousse à maquillage	20	20	25
Pochette plate	30	30	25
Porte-monnaie	15	15	15

Techniques :

- Page 20 : patronner, couper le tissu et thermocoller
- Page 12 : astuces Couture
- Page 25 : personnaliser sa création

Patron et coupe :

Extrémités du zip : 1 rectangle de 8 cm de large sur 4 cm de haut (à couper 1 fois dans un tissu souple comme la doublure).

	En cm				En cm	En cm
	A	B	C	D	Zip une fois coupé	Dimensions finales (largeur à la base x profondeur x hauteur)
Pochette passe-partout	24	17	3	18	21	16 x 15 x 4
Trousse à crayons	28	10	4	20	25	18 x 8 x6
Pochette à maquillage	26	15	4	18	23	16 x 13 x6
Pochette plate	28	20	0	28	25	26 x 0 x 18
Porte-monnaie	16	11	0	16	13	14 x 0 x9

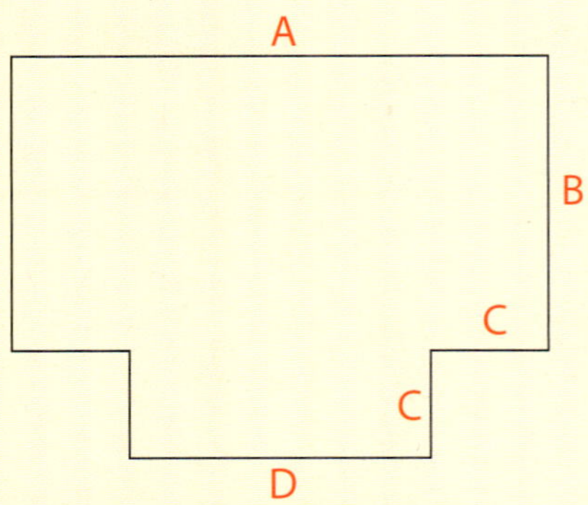

Astuce

Libre choix pour l'association des tissus extérieurs. Vous pouvez craquer pour du jacquard, du tissu d'ameublement, du lin, du simili-cuir, de la suédine. C'est open bar sur le choix des tissus alors profitez-en.

DIMENSIONS : Voir le tableau page 78

DIFFICULTÉ : 2/5

Pochette Diane avec personnalisation sous forme d'un patchwork et ajout d'un passepoil (pages 25 et 22)

COMMENT FAIRE ?

1

Prenez la pièce correspondant à l'extrémité du zip. Pliez en deux dans le sens de la longueur, puis repliez chaque extrémité vers le pli central. Finissez par plier le tout en deux. Marquez au fer à repasser. Coupez la pièce en deux.

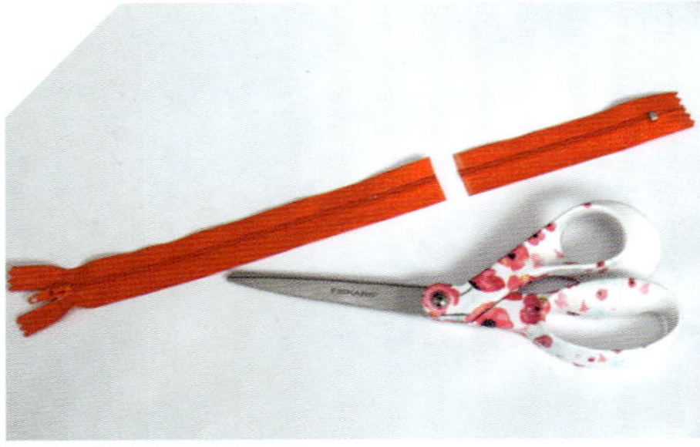

2

Coupez votre zip à la bonne dimension. Voir le tableau page 78.

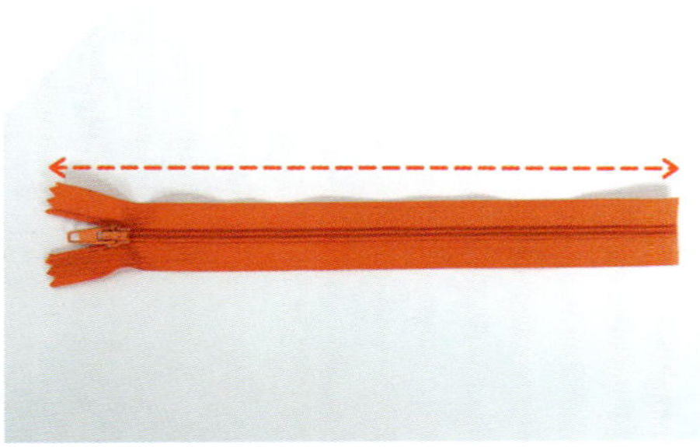

3

Votre zip fait donc 3 cm de moins que la largeur de votre pochette (en mesurant de part et d'autre de chaque extrémités).

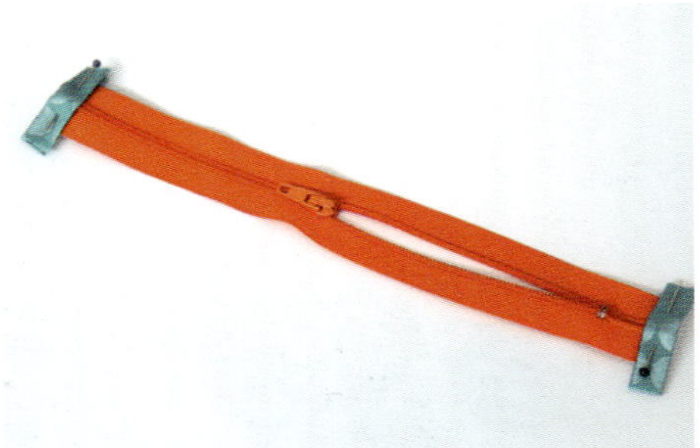

4

Placez les extrémités en prenant le zip en sandwich. Épinglez.

5

À l'aide du pied à fermeture Éclair, surpiquez pour coudre le zip à son extrémité.

6

Voilà le résultat à cette étape. Faites de même avec l'autre extrémité du zip.

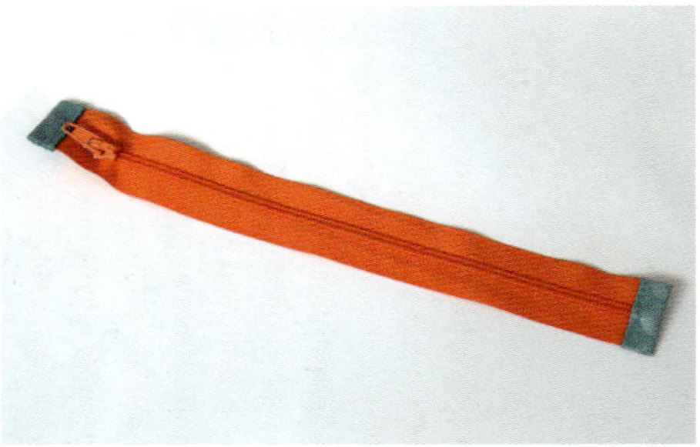

7

Coupez le surplus de tissu à la largeur de la fermeture Éclair.

8

Placez la fermeture Éclair sur une face du tissu extérieur, endroit contre endroit.

9

Centrez la fermeture Éclair en laissant 1,5 cm de part et d'autre. C'est très important.

10 ▲

Recouvrez avec une pièce de doublure. Les tissus sont endroit contre endroit et la fermeture Éclair est prise en sandwich.

11 ▲

Cousez le long du zip avec le pied spécial fermeture Éclair.

12 ▲

Voilà le résultat à cette étape.

13 ▲

Positionnez les tissus envers contre envers. Repassez si les tissus le permettent. Surpiquez pour maintenir le tout en place. Attention à surpiquer uniquement le long des dents du zip, on ne va pas jusqu'au bout !

14 ▲

Répétez les étapes 8 à 13 avec les autres faces de la pochette et du zip. Placez le bloc fermeture Éclair endroit contre endroit avec le tissu extérieur.

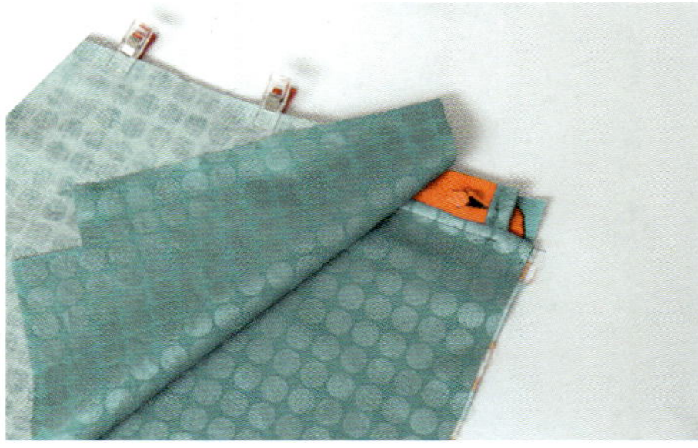

15 ▲

Recouvrez le tout de la doublure. Les tissus extérieurs sont donc endroit contre endroit. Idem pour les doublures. Cousez le long de la fermeture avec le pied spécial. Répétez ensuite l'étape 13.

16 ▲

Voilà le résultat à cette étape.

17 ▲

Ouvrez la fermeture Éclair sur au mo ns la moitié (primordial, vous allez le regretter sinon). Placez les tissus endroit contre endroit, doublure d'un côté, tissu extérieur de l'autre. Faites bien correspondre les tissus. Épinglez.

18 ▲

Cousez le long des 4 côtés en laissant une ouverture de 6 cm au milieu d'un côté de la doublure. Vous pouvez utiliser le pied à fermeture Éclair qui sera plus maniable au niveau des extrémités du zip. Attention, elles ne doivent pour autant pas être prises dans la couture.

19 ▲

Formez le fond de la pochette (s'il y en a un). Prenez un coin, ouvrez les coutures de côtés et de fond et alignez-les. Épinglez et cousez le long.

20 ▲

Faites de même avec les 4 autres coins.

21 ▲

Retournez le tout par l'ouverture laissée dans la doublure (on est content d'avoir laissée la fermeture Éclair ouverte à l'étape 17). Fermez l'ouverture à la main (ou à la machine). Rentrez la doublure dans le tissu extérieur et sortez bien les angles.

22 ▲

Votre pochette est terminée et les extrémités du zip sont bien nettes.

Pochette Diane personnalisée façon patchwork avec appliqués et étiquettes (pages 25 à 27)

HADÈS
le tote bag réversible

Le tote bag est un projet que je conseille à toute débutant(e). Il demande peu de temps et permet d'appréhender les premières techniques de base (couper le tissu, coudre droit, poser une doublure). Hadès est un projet très satisfaisant et encourageant qui met du baume au cœur. En peu de temps, vous pourrez crâner avec votre réalisation, parfaitement finie. Je vous propose ici ma version du tote bag, un peu plus aboutie car doublée, réversible et garnie de 2 poches. Vous verrez, il est d'enfer !

FOURNITURES

- 25/60/60/65 cm en laize de 110 cm ou 25/45/40/65 en laize de 140 cm (Enfant / Passe-Partout / Bibliothèque / Maxi) de cotonnade (popeline, batiste), tissu plus épais (ameublement), coton enduit ou ciré
- 25/60/60/65 cm en laize de 110 cm ou 25/45/40/65 en laize de 140 cm (Enfant / Passe-Partout / Bibliothèque / Maxi) de cotonnade ou coton enduit pour la doublure.
- 2 pressions / Velcro / boutons pour fermer les poches (*Facultatif*)

Avant de commencer...

Choix proposé :

Je vous propose plusieurs tailles pour que le sac colle le mieux à l'usage que vous vous voulez en faire. Évidemment, libre à vous de le réaliser sur mesure, ça serait dommage de ne se cantonner qu'à 4 tailles différentes !

	Dimensions finales (largeur x hauteur en cm)
Enfant	22 x 22
Passe-partout	38 x 40
Bibliothèque	26 x 35
Maxi	45 x 40

Techniques :

- Page 20 : patronner, couper le tissu et thermocoller
- Page 12 : astuces Couture
- Page 25 : personnaliser sa création
- Page 31 : poser une pression (facultatif)

Patron et coupe :

	Faces		Anses		Poches	
	Hauteur	Largeur	Hauteur	Largeur	Hauteur	Largeur
Enfant	24	24	8	40	14	10
Passe-partout	42	40	12	60	20	25
Bibliothèque	37	28	12	60	20	20
Maxi	42	47	16	65	20	25
	à couper 2 x dans le tissu extérieur et 2 x dans la doublure		**à couper 2 x dans le tissu extérieur OU dans la doublure**		**à couper 2 x dans le tissu extérieur et 2 x dans la doublure**	

Astuce

Vous pouvez facilement faire un fond au sac en utilisant la technique de découpe du tissu vue page 78.

Remarque

Le tote bag peut être la toile d'un dessin fait avec des feutres pour tissus pour remercier l'instituteur(trice) en fin d'année, l'emballage cadeau recyclable des présents pour Noël ou le cadeau de l'hôte ou hôtesse de la soirée.

DIMENSIONS :
Voir le tableau page 84
DIFFICULTÉ : 1/5

COMMENT FAIRE ?

1 ▲

Prenez une anse, pliez-la en deux et marquez le pli avec un fer à repasser. Repliez ensuite chaque extrémité vers le pli central, marquez de nouveau au fer.

2 ▲

Pliez enfin en deux et épinglez.

3 ▲

Cousez à quelques millimètres du bord. Répétez les étapes 1 à 3 avec la seconde anse. Vos anses sont prêtes, vous pouvez les mettre de côté.

4 ▲

Placez les 2 pièces qui composent une poche endroit contre endroit, épinglez. Cousez autour en laissant une ouverture de 6 cm au milieu du bas.

5 ▲

Dégarnissez les angles (ce qui donnera des angles nets une fois retournés).

6 ▲

Retournez la poche par l'ouverture et repassez le tout.

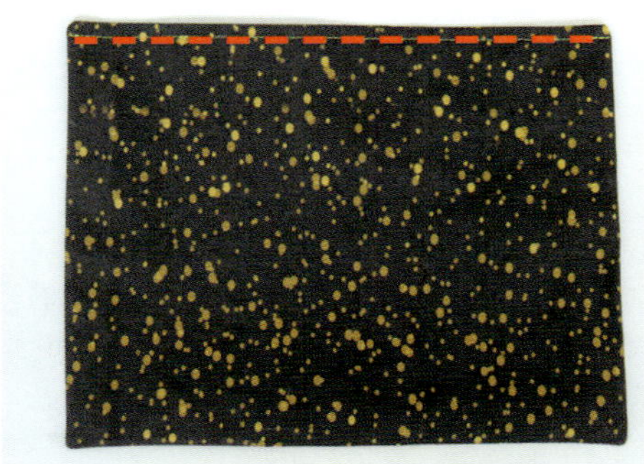

7 ▲

Faites une surpiqûre sur le haut de la poche, cela donnera de la tenue.

8 ◄

Épinglez la poche sur une face du tissu extérieur (n'hésitez pas à marquer à la craie des lignes sur la pièce devant pour placer au mieux la poche). Référez-vous au tableau ci-dessous pour la position des poches.

	Cm du bas	Cm du côté
Enfant	7	6
Passe-partout	12	6,5
Bibliothèque	9	5
Maxi	13	10

9

Surpiquez sur les 3 côtés en insistant en haut de la poche (faites plusieurs allers-retours pour que la couture soit résistante).

10

Facultatif : placez une pression / Velcro / bouton au milieu de la poche pour pouvoir la fermer.

11

Pour solidifier la pression au niveau du sac, je place un morceau de tissu plié en trois au revers du tissu et je traverse toutes les épaisseurs par la pression.

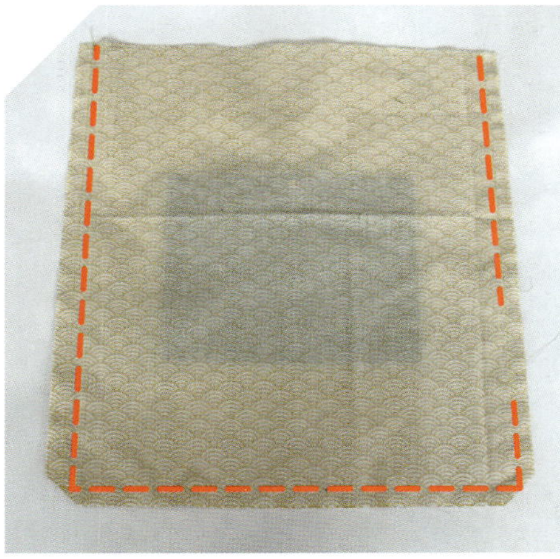

12

Répétez les étapes 4 à 11 avec la seconde poche sur une face de la doublure.

13

Placez les 2 faces en tissu extérieur, endroit contre endroit. Épinglez et cousez sur les 3 côtés. Dégarnissez les 2 angles.

14

Faites de même avec la doublure en laissant une ouverture d'environ 8 cm sur le milieu d'un côté.

15

Placez une anse à 3/8/3/10 cm (Enfant/Passe-Partout/Bibliothèque/Maxi) d'un côté sur une face du tissu extérieur et épinglez. Faites de même avec la seconde anse sur l'autre face du sac. Surpiquez les anses à 0,5 cm du bord pour les maintenir en place.

16

Glissez les 2 sacs l'un dans l'autre, endroit contre endroit en ouvrant et en alignant les coutures de côtés. Épinglez tout le tour. Les anses sont prises en sandwich entre les 2 tissus.

17

Enlevez le bras libre de la machine (ce qui permettra de coudre sur tout le tour du sac sans interruption) et cousez tout le long du haut du sac en insistant au niveau des anses (faites plusieurs allers-retours).

18

Retournez le tout par l'ouverture laissée à l'étape 14.

19

Glissez la doublure à l'intérieur du sac. Placez bien les tissus, épinglez le haut et repassez. Faites une surpiqûre à quelques millimètres du bord.

20

Fermez l'ouverture laissée en faisant quelques points invisibles à la main (page 13) ou avec une couture à la machine. Votre sac est terminé, vous pouvez désormais l'étrenner.

Sac Hadès avec création d'un fond (voir l'astuce page 84).

CHARON
le sac repas

De belle taille avec ses poches, sa séparation intérieure pour ne pas mélanger les choux et les carottes et son rabat couvrant, Charon est l'allié de tous vos repas à l'extérieur. De quoi passer du frigo à la cafétéria en tout élégance.

FOURNITURES

- Tissu extérieur : 45 cm de cotonnade, tissu d'ameublement, toile cirée
- Doublure : 45 cm de coton enduit ou toile cirée (laize de 120 cm minimum sinon prendre 65 cm en laize de 110 cm)
- 2 fermoirs aimantés
- 45 cm de thermocollant épais pour les pièces doublure
- 20 cm de renfort type jeffy ou feutrine
- 110 cm de sangle

Remarque

Annotez bien toutes les pièces pour gagner du temps ensuite. Les fermoirs peuvent être remplacés par des scratchs.

Avant de commencer...

Patron et coupe :

Extérieur du Sac :

- **Face :** rectangle de 30 cm (largeur) x 18 cm (hauteur) à couper 2 fois dans le tissu extérieur.
- **Petit Rabat :** rectangle de 30 cm (largeur) x 10 cm (hauteur) à couper 1 fois dans le tissu extérieur. Arrondir les 2 angles du bas.
- **Grand Rabat :** rectangle de 30 cm (largeur) x 16 cm (hauteur) à couper 1 fois dans le tissu extérieur. Arrondir les 2 angles du bas.
- **Fond :** rectangle de 32 cm (largeur) x 18 cm (hauteur) à couper 1 fois dans le tissu extérieur et 1 fois dans la doublure (à thermocoller).
- **Côté :** rectangle de 16 cm (largeur) x 23 cm (hauteur) à couper 2 fois dans le tissu extérieur et 2 fois dans la doublure (à thermocoller).
- **Poche Extérieure :** rectangle de 16 cm (largeur) x 17 cm (hauteur) à couper 2 fois dans le tissu extérieur.

Intérieur du Sac :

- **Face 1 :** rectangle de 22 cm (largeur) x 26 cm (hauteur) à couper 1 fois dans la doublure (à thermocoller) et arrondir le coin haut gauche.
- **Face 1 bis :** rectangle de 10 cm (largeur) x 26 cm (hauteur) à couper 1 fois dans la doublure (à thermocoller) et arrondir le coin haut droit.
- **Face 2 :** rectangle de 22 cm (largeur) x 32 cm (hauteur) à couper 1 fois dans la doublure (à thermocoller) et arrondir le coin haut droit.
- **Face 2 bis :** rectangle de 10 cm (largeur) x 32 cm (hauteur) à couper 1 fois dans la doublure (à thermocoller) et arrondir le coin haut gauche.
- **Poche Intérieure :** rectangle de 22 cm (largeur) x 16 cm (hauteur) à couper 2 fois dans la doublure.
- **Séparation :** rectangle de 16 cm (largeur) x 16 cm (hauteur) à couper 2 fois dans la doublure et 1 fois dans le renfort.

Voici le plan de coupe pour limiter les pertes :

* Doublure

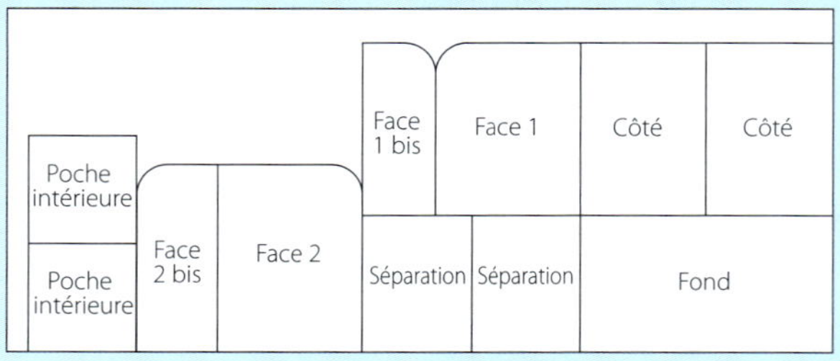

* Tissu Extérieur

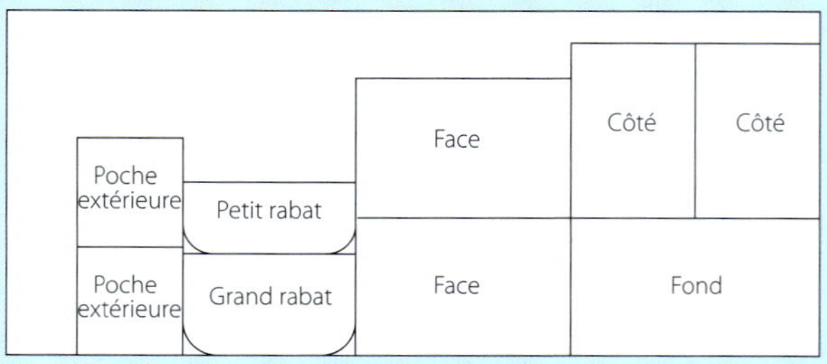

Techniques :

- Page 20 : patronner, couper le tissu et thermocoller
- Page 12 : astuces Couture
- Page 25 : personnaliser sa création
- Page 29 : poser un fermoir

Astuce

Vous pouvez rendre le sac isotherme en utilisant un film isolant (acheté en magasin de bricolage) comme tripliure. Il suffit de couper dans l'isolant les mêmes pièces que dans la doublure. Ensuite, vous placez les pièces doublure et isolant, envers contre envers. Épinglez et surpiquez à quelques millimètres du bord pour rendre les pièces solidaires. Vous pouvez alors démarrer le montage de votre sac normalement. En utilisant de l'isolant, vous n'avez pas besoin de thermocoller vos pièces de doublure, votre sac aura bien assez de tenue.

DIMENSIONS :
Largeur : 30 cm, hauteur : 20 cm, profondeur : 16 cm

DIFFICULTÉ : 4/5

COMMENT FAIRE ?

Voici un schéma de montage pour avoir les idées claires :

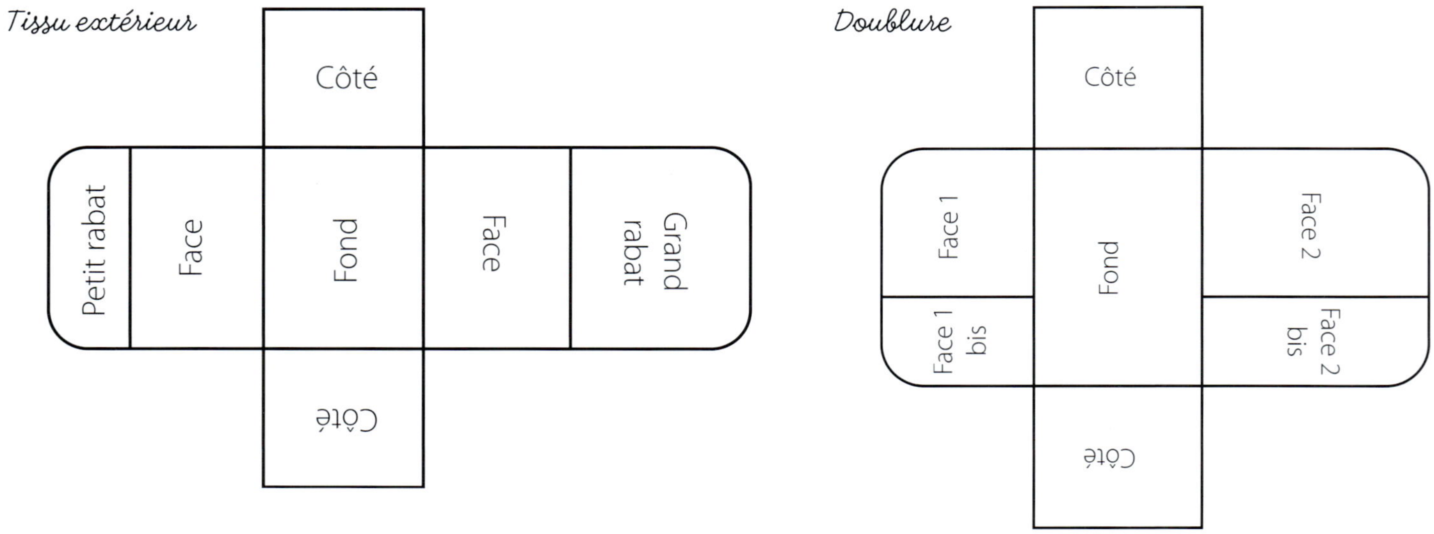

1 ▲

Prenez les 2 pièces composant la poche intérieure. Positionnez-les endroit contre endroit et épinglez.

2 ▲

Cousez le long du haut de la poche.

3 ▲

Dépliez les tissus de manière à les placer envers contre envers. Surpiquez le haut de la poche pour apporter de la tenue.

4 ▲

Placez la poche en bas de la « Face 1 ». Épinglez et surpiquez à quelques mm le long des 3 côtés pour la maintenir en place.

5 ▲

Prenez les 2 pièces de tissus composant la séparation intérieure ainsi que la pièce de renfort. Placez le renfort et superposez les 2 tissus endroit contre endroit.

6 ▲

Cousez en haut et en bas.

7 ▲

Retournez le tout par un des côtés de manière à avoir le renfort au milieu des 2 tissus. Surpiquez en haut et en bas de la pièce pour apporter de la tenue.

8 ▲

Placez les pièces « Face 1 » et « Face 1 bis » encroit contre endroit. Placez la séparation intérieure entre les 2 pièces à 1,5 cm du bas.

9 ▲

Cousez le long.

10 ▲

Voici le résultat à cette étape.

11 ▲

Répétez les étapes 8 et 9 pour les pièces « Face 2 » et « Face 2 bis ».

12 ▲

Voilà le résultat à cette étape. La séparation intérieure est cousue aux 2 faces du sac.

13 ▲

Placez les pièces de fond et les 2 côtés en centrant les pièces côté. Il doit avoir un peu plus d'1 cm de part et d'autre.

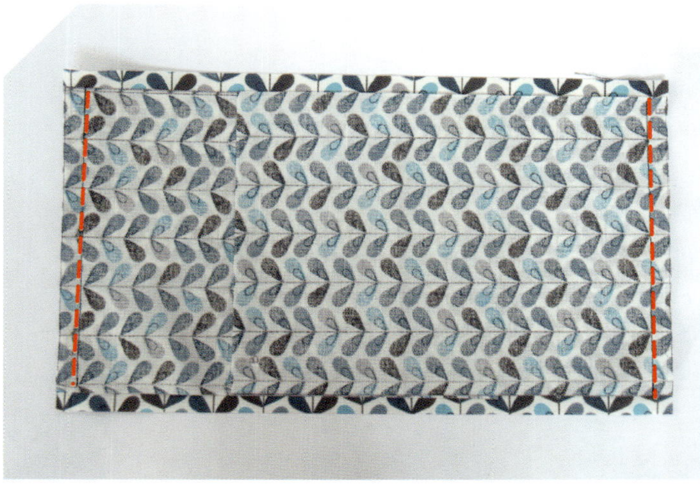

14 ▲

Cousez le long des 2 côtés.

15 ◀

Voilà le résultat à cette étape.

16 ▲

Ouvrez les coutures et surpiquez de part et d'autre.

17 ▶

Placez le bloc contenant la séparation intérieure sur la pièce « fond » assemblée aux 2 côtés. Les coutures doivent coïncider. Cousez le long et faites de même avec l'autre côté.

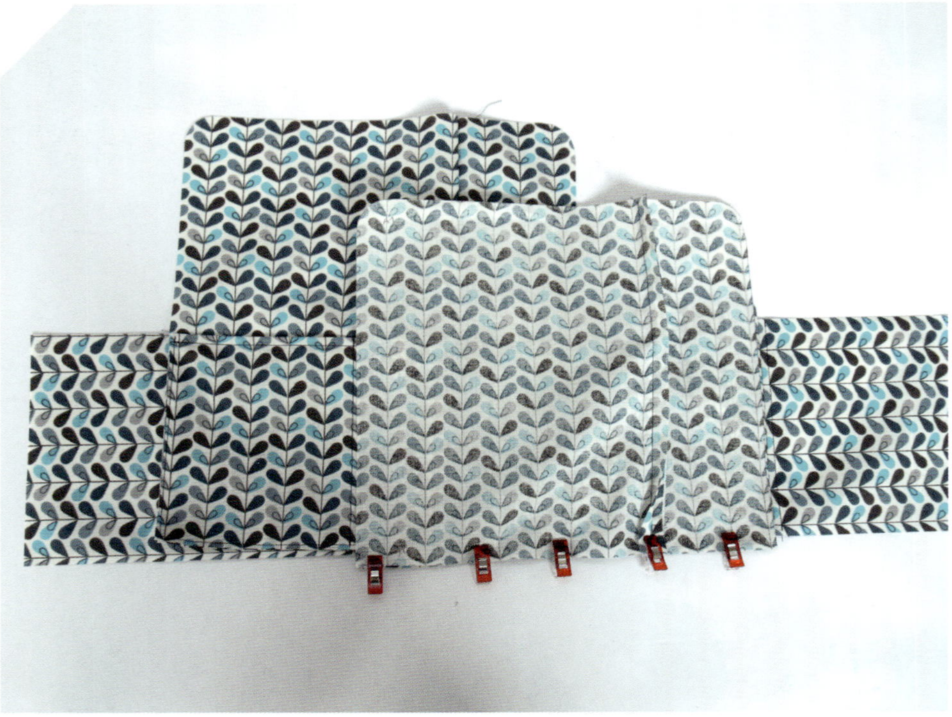

18 ▶

On obtient ce résultat.

19 ▲

Épinglez les pièces face et côté endroit contre endroit pour finir de former le sac. Cousez le long en laissant une ouverture de 8 cm au milieu d'un des côtés pour pouvoir retourner le tout.

20 ▲

Voici l'ouverture laissée au milieu d'un des côtés.

21 ▲

Assemblez la poche du tissu extérieur sur une pièce « côté » en suivant les étapes 1 à 4.

22 ▲

Répétez les étapes 13 à 16 pour assembler les pièces fond et côtés du tissu extérieur.

23 ▲

Coupez 2 anses de 55 cm. Placez-les sur les pièces « face » à 4 cm du bord extérieur et surpiquez pour les maintenir en place.

24 ▲

Superposez la pièce « grand rabat » endroit contre endroit à l'une des faces, cousez tout le long.

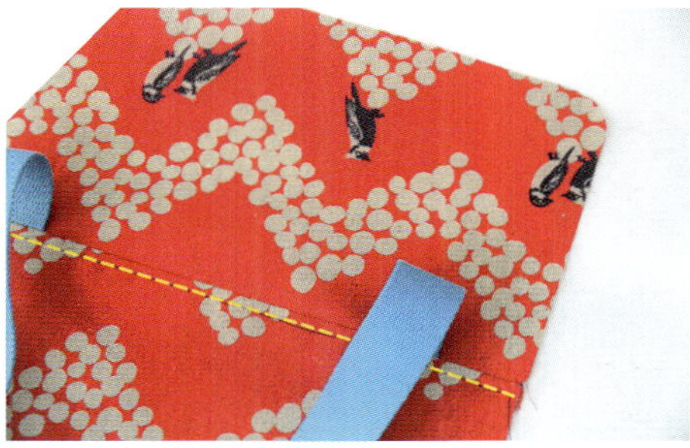

25 ▲

Dépliez, couchez les coutures vers la face et surpiquez. Cela aura pour effet d'orienter les anses vers le haut et de les solidifier.

26 ▲

Répétez les étapes 24 et 25 avec la pièce « petit rabat ». On obtient les 2 faces extérieures du sac.

27 ▲

Assemblez les blocs précédemment montés à la bande cousue à l'étape 22. Faites correspondre les pièces.

28

Assemblez les côtés comme aux étapes 19 et 20 sans laisser d'ouverture cette fois.

29

Posez les 2 fermoirs métalliques :
- grand rabat : 3 cm du haut et 5 cm des côtés.
- petit rabat : 4 cm du haut et 5 cm des côtés.

30

Retournez le sac en tissu extérieur et mettez-le dans le sac en doublure. Les tissus sont endroit contre endroit. Faites correspondre les pièces et les coutures, épinglez tout le long.

31

Cousez soigneusement tout le tour. Crantez les arrondis et les angles.

32

Retournez le tout par l'ouverture laissée à l'étape 20. Placez correctement les tissus et surpiquez tout le tour. Fermez l'ouverture laissée dans la doublure à la main ou à la machine.

Les accessoires *pour* toute la famille

- 3 m de passepoil
- 2 m tissu Dashwood
- ...

ULYSSE
le plaid

Le plaid est pour moi le cadeau maison par excellence. Pour fêter une naissance ou remercier une personne particulière, le plaid est un présent chargé d'amour. Il vous accompagnera dans toutes vos aventures et sera heureux de retrouver la maison.

FOURNITURES

- Cotonnade non extensible pour l'extérieur
- Ouatine pour patchwork pour apporter moelleux et chaleur
- Cotonnade, minkee, doudou, fausse fourrure, jersey matelassé ou polaire pour la doublure
- Passepoil

Pour connaître vos fournitures, vous aurez besoin de savoir le nombre de tissus avec lesquels vous voulez travailler. Je conseille d'en utiliser entre 5 et 8. Néanmoins, il est tout-à-fait possible d'utiliser ses chutes et de couper chaque carré dans un tissu différent. Un tissu vous plaît ? Vous pouvez en couper 7 carrés et 3 d'un autre. Le plaid est l'application même de la créativité, faites à votre goût !

Voici un petit tableau pour donner un exemple :

Usage	Dimensions finales	Nombre de tissus différents	Quantité de tissu en laize 110	Quantité de tissu en laize 140
Plaid bébé	98 x 98 cm	5	22 cm	22 cm
Plaid enfant	108 x 144 cm	6	44 cm	22 cm
Plaid adulte	140 x 180 cm	7	44 cm	44 cm

Avant de commencer...

Tailles :

Voici quelques exemples de plaids à usage très différent. Évidemment, libre à vous de faire la dimension que vous souhaitez.

Usage	Dimensions finales	Dimensions des carrés (marge 1 cm incluse)	Nombre de carrés	Nombre de lignes du plaid	Nombre de colonnes du plaid	Longueur passepoil
Bébé	98 x 98 cm	22 x 22 cm	25	5	5	4 m
Enfant	108 x 144 cm	20 x 20 cm	48	6	8	5,10 m
Adulte	140 x 180 cm	22 x 22 cm	63	7	9	6,5 m

Si vous voulez zapper l'étape patchwork et utiliser un seul et même tissu, il vous suffira de découper votre pièce de tissu d'un seul tenant (par exemple coupez un carré de 100 x 100 cm pour un plaid bébé) et de commencer le tuto à l'étape 14.

Coupe :

L'utilisation de la règle, du cutter rotatif et du tapis de coupe offre un réel confort et gain de temps (page 11). Sinon, je vous conseille de tracer un gabarit de votre carré type dans un carton un peu épais et de vous en servir comme pochoir sur vos tissus. Il ne restera qu'à couper le long des traits avec des ciseaux.

Techniques :

- Page 12 : astuces Couture
- Page 20 : patronner, couper le tissu et thermocoller
- Page 22 : poser du passepoil
- Page 25 : personnaliser sa création

Astuce

Le plaid patchwork est la cousette idéale pour dire tchao à vos chutes qui s'emmagasinent sans prévenir. Et pourquoi ne pas lui donner une valeur sentimentale en coupant vos carrés dans de vieux vêtements, rideaux, sacs, peluches… Un plaid comme album souvenirs en somme ?

DIMENSIONS :
Voir le tableau page 102
DIFFICULTÉ : 2/5

COMMENT FAIRE ?

Choisir ses tissus

L'harmonie de votre plaid dépend du choix des tissus. C'est l'étape primordiale qui vaut que l'on y passe du temps. Pour certains, ce choix peut être facile pour d'autre c'est plus complexe. En règle générale, si un tissu vous chafouine, supprimez-le, votre inconscient vous fait dire qu'il n'a rien à faire là.

Il y a quelques astuces pour ne pas faire de « plaid faux-pas ». Soit, on part d'un tissu coloré et on ne va utiliser que les couleurs présentes pour choisir les autres tissus. Par exemple, je suis partie du tissu avec les petites filles qui contient du rouge, moutarde, blanc, noir et touches de rose. Je n'ai choisi des tissus qui ne contenaient QUE ces couleurs. Soit, vous pouvez choisir un camaïeu (plusieurs tons de bleu), ou une harmonie (uniquement des tons pastels). La roue chromatique peut aussi être votre alliée pour voir les couleurs qui s'harmonisent (adjacentes sur la roue) ou qui se mettent en valeur (opposées sur la roue).

1 ▲

Coupez tous vos carrés. En écoutant de la musique avec un cookie à proximité, cette étape pénible devient un vrai moment de plaisir.

2 ▲

Posez vos carrés sur le sol et agencez-les pour obtenir un résultat plaisant. Soit vous vous la jouez Bree Vandekamp (très ordonnée), soit vous vous prenez pour Picasso (vive le cubisme !). Prenez une photo et reformez des tas avec les carrés ligne par ligne.

3 ▲

Positionnez endroit contre endroit 2 carrés adjacents d'une même ligne. Au besoin, vérifiez sur votre photo que l'ordre est bon. Épinglez et cousez.

4 ▲

Répétez l'étape 3 avec le 3e carré de la ligne. Poursuivez avec tous les autres carrés de la ligne.

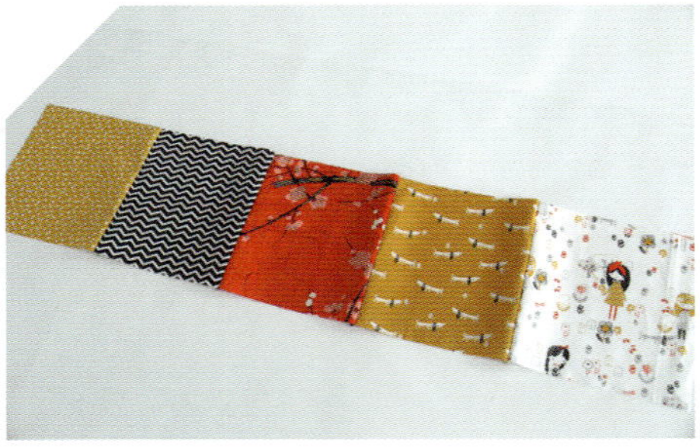

5 ▲

Vous avez terminé une ligne. Faites de même avec la ligne du dessous, etc.

6 ▲

Ouvrez toutes les coutures au fer à repasser.

7

Toutes les lignes du plaid sont assemblées et repassées.

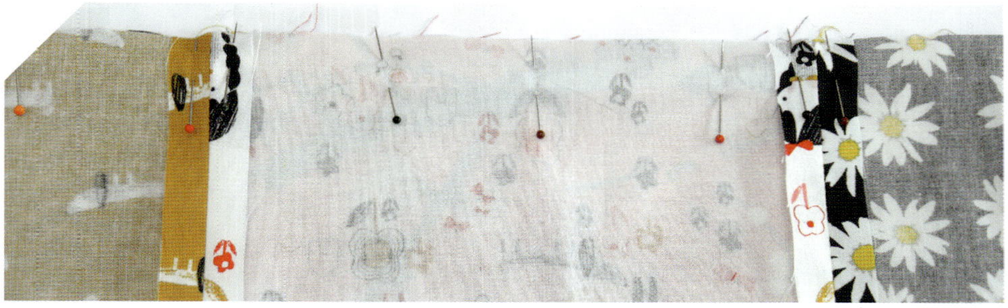

8

Positionnez 2 lignes adjacentes endroit contre endroit (vérifiez le sens des tissus). Épinglez au niveau des coutures ouvertes en les superposant avec précision. Épinglez chaque surplus de couture puis placez 3-4 épingles le long des carrés. Cette étape clef donnera au plaid de beaux raccords, ne la négligez pas.

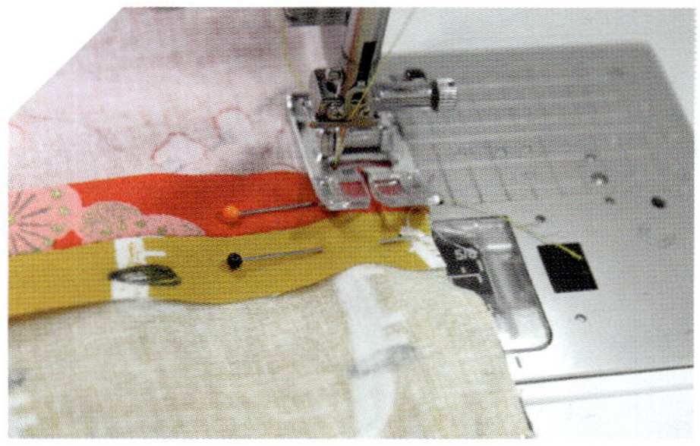

9

Cousez SUR les épingles, c'est primordial. Au besoin, tirez sur le tissu ou laissez du mou pour un ajustement parfait.

10

Retirez les épingles.

11

Ouvrez la couture au fer à repasser.

12

Admirez les raccords, c'est parfait. Vous avez le droit de vous extasier !

13

Répétez les étapes 8 à 12 avec toutes les autres lignes qui composent le plaid. Vous avez terminé le dessus du plaid appelé « top » en patchwork. Bravo, une petite danse de la joie s'impose !

14

Arrondissez les 4 angles du top avec un bol, verre, couvercle… Les amies du plaid dans un seul tissu nous rejoignent ici. C'est à cette étape que vous pouvez personnaliser votre plaid.

15

Posez votre passepoil sur tout le tour à 1 cm du bord.

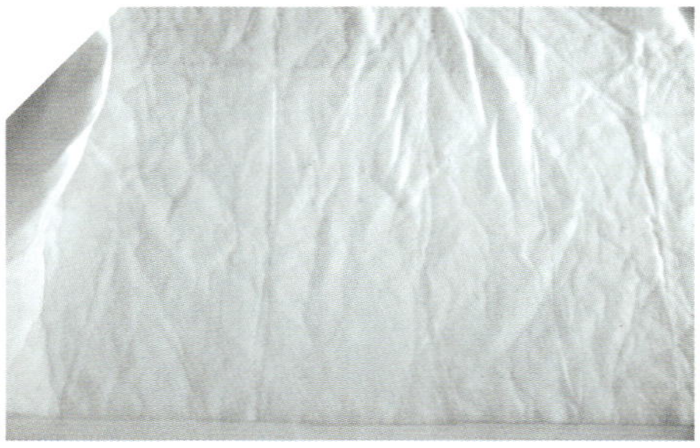

16

Au sol ou sur une grande table, placez votre ouatine.

17

Recouvrez la ouatine par la doublure, endroit vers vous.

18

Superposez votre top, il est endroit contre endroit avec la doublure. Lissez toute la surface avec la main pour enlever les éventuels plis des 3 épaisseurs

19

Épinglez le pourtour tous les 3-4 cm en maintenant toutes les épaisseurs ensemble. Faites de même avec le centre de chaque carré. C'est une étape pénible mais nécessaire. Au pire, croquez dans quelques carrés de chocolat, le magnésium est bon pour la santé !

20

Coupez la doublure et la ouatine grossièrement autour du patchwork. Laissez 2-3 cm de rab. Cousez le long du pourtour en suivant la couture de fixation du passepoil. Laissez une ouverture de 10 cm au milieu d'un des côtés. Coupez les surplus de tissu et crantez les arrondis.

21

Retournez le plaid par l'ouverture. Sortez bien les arrondis et le passepoil. Votre plaid est pratiquement terminé.

22

Fermez l'ouverture à la main avec quelques points invisibles (page 13).

23

Surpiquez le pourtour du plaid à 1 cm du passepoil pour que la doublure reste bien en place. Je vous conseille de prendre un fil de canette de la couleur de votre doublure et votre bobine de la couleur de votre plaid.

24

Pour des grands plaids, il va falloir quilter. C'est-à-dire faire quelques points machines ou à la main sur place à chaque intersection de carrés à travers toutes les épaisseurs (épinglez bien au préalable). Cette étape donnera de la tenue au plaid, facilitera sa manipulation et sera totalement invisible. Pour le plaid bébé, cette étape n'est pas nécessaire. Votre plaid est terminé.

JUNON
la housse multimédia

Junon est une housse matelassée qui protégera vos gadgets électroniques. Et pour qu'elle soit au top, je vous explique comment la réaliser sur mesure afin d'y accueillir votre tablette, la liseuse de l'amoureux, la console du petit dernier... Sa poche zippée au dos vous permettra de ranger les câbles d'alimentation, cartouches, casques, bref tout ce qui traine !

FOURNITURES

- Tissu extérieur : cotonnade, tissu d'ameublement, simili-cuir léger, lin
- Doublure : cotonnade
- De la ouatine pour matelasser votre housse
- Un fermoir type attache-cartable, pression, bouton ou scratch
- Une fermeture Éclair non séparable d'au moins la longueur A (voir le tableau ci-dessous).

Astuce

Si vous voulez une pochette très protectrice, superposez 2 couches de molleton. Pour parer au volume supplémentaire, ajoutez 1 cm en hauteur, largeur et profondeur à votre objet multimédia avant de calculer vos découpes de tissus.

Même si les calculs et le nombre d'étapes peuvent faire peur, cette pochette est assemblée sans aucune difficulté.

Avant de commencer...

Prises de mesures et patron :

Pièces de tissu à découper :

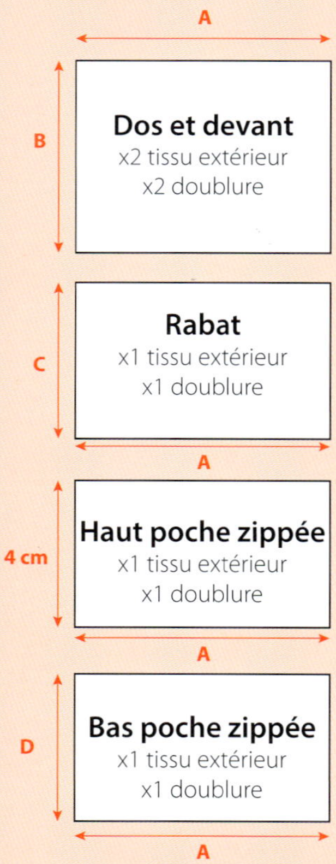

Prenez les mesures (hauteur, largeur et profondeur arrondis au cm supérieur) de l'objet pour lequel vous souhaitez réaliser la housse.

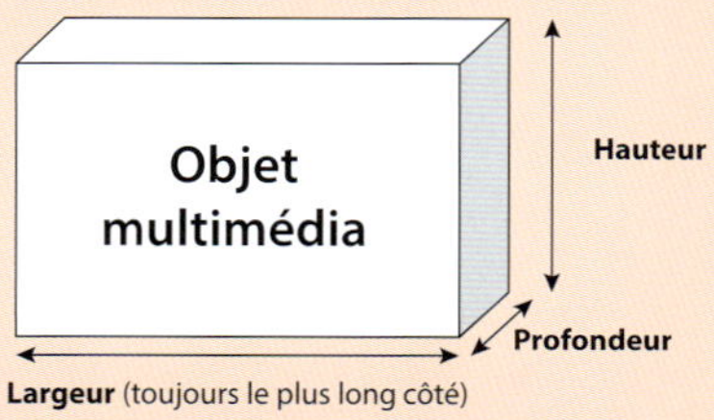

Calcul
(les marges de coutures sont comprises et sont de 1 cm)

A = largeur + (profondeur / 2) + 4

B = hauteur + (profondeur / 2) + 4

C = (B / 2) + 3

D = B - 3

Prenons l'exemple d'une tablette qui fait :

Largeur = 24 cm, hauteur = 17 cm, profondeur = 1 cm

A = 24 + (1 / 2) + 4 = 28,5 cm

B = 17 + (1 / 2) + 4 = 21,5 cm

C = (21,5 / 2) + 3 = 14 cm

D = 21,5 - 3 = 18,5 cm

Techniques :

- Page 20 : patronner, couper le tissu et thermocoller
- Page 12 : astuces Couture
- Page 22 : poser du passepoil
- Page 29 : poser un fermoir
- Page 25 : personnalisation

DIMENSIONS :
Voir les instructions page 108.

DIFFICULTÉ : 3/5

COMMENT FAIRE ?

1

Arrondissez le bas des 2 rabats à l'aide d'un objet rond (bol, verre ou couvercle).

2

Positionnez vers vous le « haut de la poche » en doublure (tissu rouge sur la photo), votre fermeture Éclair puis le « haut de la poche » en tissu extérieur (jaune sur la photo). Le zip est endroit contre endroit avec le tissu extérieur. Épinglez.

3

À l'aide du pied spécial fermeture Éclair, cousez au plus près des dents.

4

Dépliez pour placer les tissus envers contre envers et surpiquez à quelques millimètres de la fermeture Éclair..

5

Placez la pièce doublure « bas de la poche » vers vous, le bloc fermeture Éclair et recouvrez par la pièce « bas de la poche » en tissu extérieur. La fermeture Éclair est endroit contre endroit avec le tissu extérieur. Épinglez et cousez le long du zip.

6

Dépliez et surpiquez les 2 pièces de tissus comme à l'étape 6. Si la fermeture est trop longue, coupez l'excèdent. La poche zippée est terminée.

7

Prenez votre pièce Dos en tissu extérieur et superposez votre poche zippée. La pièce dos est endroit contre l'envers de la trousse. Épinglez.

8

Faites 2 surpiqûres à quelques millimètres du bord le long des 2 côtés pour maintenir les pièces en place.

9

Sur le bloc précédemment assemblé, superposez le rabat en tissu extérieur sur la haut de la trousse, endroit contre endroit. Épinglez.

10

Cousez à 1 cm du bord.

11

Dépliez et couchez les coutures vers la poche, marquez au fer.

12

Arrondissez les 2 angles en bas de la poche zippée comme pour le rabat à l'étape 1. Posez le passepoil autour de la pièce.

13

Placez les pièces Dos et Rabat doublure endroit contre endroit. Épinglez. Cousez à 1 cm et dépliez.

14

Arrondissez les 2 angles.

15

Placez une couche de ouatine et superposez la pièce assemblée à l'étape 14. Épinglez soigneusement et coupez la ouatine grossièrement autour.

16

Surpiquez à quelques millimètres du bord les 2 couches entre elles.

17

Coupez le surplus de ouatine.
Facultatif : vous pouvez faire des lignes de surpiqûres croisées sur toute la surface afin de matelasser.

18 ▲

Répétez les étapes 15 à 17 pour la doublure de la pièce devant.

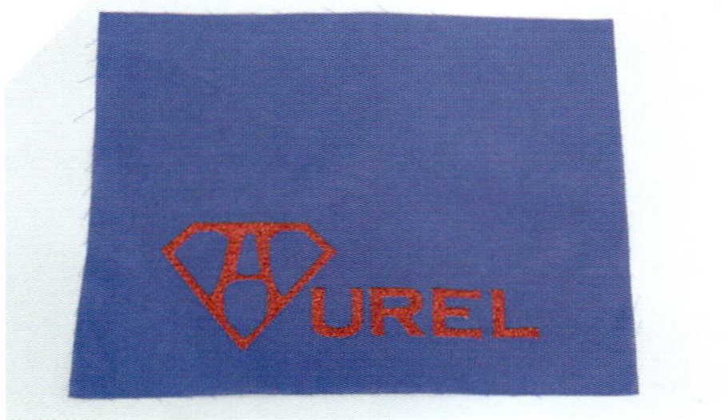

19 ▲

Facultatif : c'est le moment de personnaliser votre création en customisant la pièce Devant en tissu extérieur.

20 ▲

Posez les 2 pièces Devant endroit contre endroit. Épinglez et cousez à 1 cm du bord haut.

21 ▲

Dépliez pour que les tissus soient envers contre envers et faites une surpiqûre à quelques millimètres du bord haut.

22 ▲

Prenez la pièce comprenant la poche zippée (étape 12) et superposez votre pièce devant (de l'étape 21), endroit contre endroit. Faites correspondre le haut des pièces. Épinglez.

23 ▲

Surpiquez à quelques millimètres du bord sur les 3 côtés pour maintenir en place les pièces.

24 ▲

Prenez la pièce dos matelassée et superposez la pièce de l'étape 23 endroit contre endroit. La couture de fixation du passepoil doit être vers vous. Épinglez.

25 ▲

Cousez le long à 1 cm en laissant une ouverture de 6-7 cm au milieu du haut (côté rabat) en se laissant guider par la couture de fixation du passepoil. Crantez les 4 arrondis et coupez les surplus de couture en laissant quelques 3-4 millimètres.

26 ▲

Retournez le tout par l'ouverture laissée précédemment.

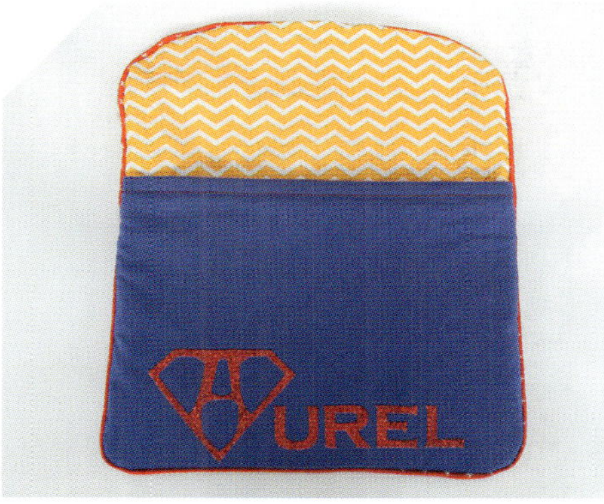

27 ▲

Voici le résultat à cette étape côté recto.

28 ▲

Le résultat à cette étape côté verso (poche zippée).

29 ▲

Faites quelques points invisibles (page 13) à la main pour fermer l'ouverture laissée à l'étape 25.

30 ▲

Fixez votre fermoir (pages 29 à 31). Remplissez la pochette de l'objet multimédia pour savoir où poser précisément les 2 pièces de votre fermoir.

TANTALE
le tablier réversible

Tantale est le tablier 2 en 1, conçu pour tous les membres de la famille, équipé de grandes poches et de liens réglables. Le supplice sera d'arriver à limiter vos envies de cuisiner ou de pâtisser.

FOURNITURES

- 50 / 55 / 85 cm [2-5 ans / 6-10 ans / adultes] de cotonnade, tissu épais type ameublement, coton enduit ou ciré pour le recto du tablier. La même chose dans le second tissu.
- Ruban sergé de coton de 2 cm de large :
  - 2 morceaux de 22 / 22 / 30 / 30 cm [2-5 ans / 6-10 ans / adulte / adulte gros bidon] pour le cou
  - 2 morceaux de 50 / 50 / 100 / 130 cm [2-5 ans / 6-10 ans / adulte / adulte gros bidon] pour le dos
- *Facultatif :* 4 pressions pour régler la bande de cou

Avant de commencer...

Patron et coupe :

Planche : **B** (1 pièce)

Poches : à couper 2 fois dans chaque tissu.
- Taille Enfant : rectangle de 21 cm (largeur) x 13 cm (hauteur)
- Taille Adulte : rectangle de 30 cm (largeur) x 20 cm (hauteur)

Techniques :
- Page 20 : patronner, couper le tissu et thermocoller
- Page 12 : astuces Couture
- Page 31 : poser une pression
- Page 25 : personnaliser sa création

Astuce

Le patron propose des pans droits (plus masculin) ou arrondis (plus féminin). À vous de choisir votre look !

TAILLES :
Je vous propose 4 tailles différentes :
2-5 ans, 6-10 ans, Adulte et Adulte avec un gros bidon.

DIFFICULTÉ : 1/5

COMMENT FAIRE ?

1 ◀

Coupez les 6 pièces du tablier.

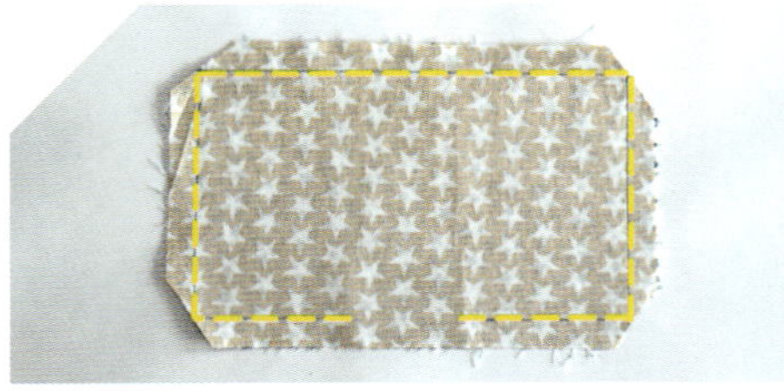

2 ▲

Positionnez 2 pièces formant une poche endroit contre endroit. Épinglez et cousez sur les 4 côtés en laissant une ouverture au milieu du bas. Dégarnissez les angles.

3 ▲

Retournez les poches par l'ouverture et repassez en faisant bien sortir les angles à l'aide d'une aiguille à tricoter ou une baguette chinoise.

4 ▲

Centrez la poche sur l'une des pièces du tablier à 13 / 18 / 25 / 25 cm du bas du tablier. Épinglez et surpiquez à quelques millimètres du bord sur les 3 côtés en insistant en haut de la poche.

5 ▲

Répétez les étapes 2 à 4 avec la seconde poche.
Facultatif : c'est le moment de personnaliser votre création.

6 ◀

Positionnez le ruban de sergé sur une des faces du tablier à 1,2 cm du bord de l'encolure et des emmanchures. Cousez à quelques millimètres du bord pour maintenir le ruban en place. Vous pouvez épingler le rab de ruban au niveau de la poche pour faciliter les coutures et éviter les erreurs.

7

Positionnez les 2 faces du tablier endroit contre endroit. Épinglez et cousez le long en laissant une ouverture de 10 cm au milieu du bas. Dégarnissez les angles et crantez les arrondis.

8

Retournez le tout par l'ouverture laissée à l'étape précédente. Sortez bien les angles et repassez. Épinglez l'ouverture.

9

Surpiquez tout le tour du tablier à quelques millimètres du bord. L'ouverture laissée à l'étape 7 sera donc refermée.

10

Pour la finition du cou, plusieurs options s'offrent à vous. Posez des pressions pour rendre le tout réglable ou faites un nœud avec les 2 sangles.

PSYCHÉ
le vanity

Ce vanity de grande taille transportera les produits d'hygiène et de beauté de toute la famille.

FOURNITURES

- 40 cm de tissu extérieur : cotonnade, tissu d'ameublement, simili-cuir léger, lin
- 40 cm de doublure : cotonnade
- Une fermeture Éclair non séparable de 40 cm

Remarque

Veillez à utiliser des tissus unis ou à motifs mais ces derniers ne doivent pas avoir de sens (au risque qu'ils aient la tête en bas une fois la vanity assemblée).

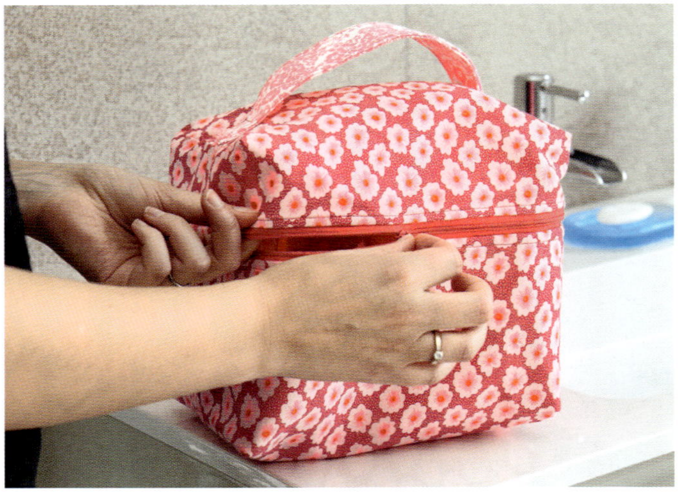

Avant de commencer...

Patron et coupe :

Face : à couper 1 fois dans le tissu et 1 fois dans la doublure (à thermocoller).
Poche Intérieure : rectangle de 23 cm (largeur) x 19 cm (hauteur) à couper 1 fois dans le tissu extérieur et 1 fois dans la doublure.
Anse : rectangle de 17 cm (largeur) x 12 cm (hauteur) à couper 1 fois dans le tissu extérieur (à thermocoller).
Extrémités du zip : rectangle de 5 cm (largeur) x 4 cm (hauteur) à couper 2 fois dans la doublure.

Techniques :

- Page 12 : astuces Couture
- Page 20 : patronner, couper le tissu et thermocoller
- Page 25 : personnaliser sa création

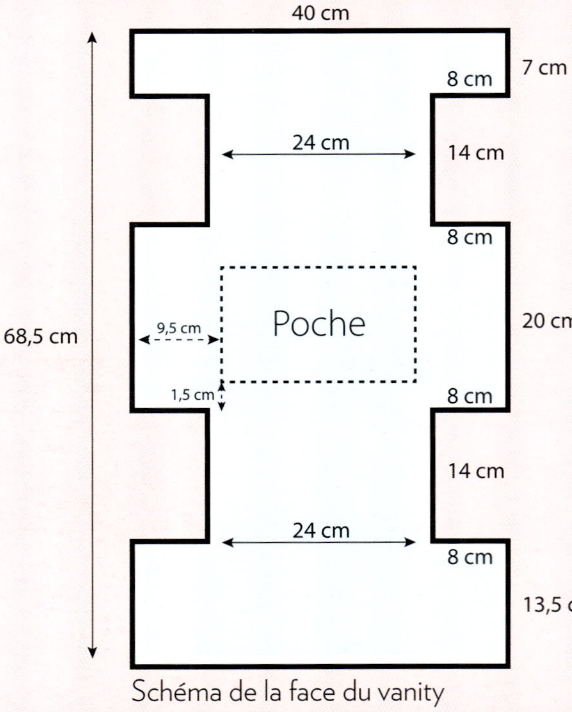

Schéma de la face du vanity

DIMENSIONS :
Largeur : 22 cm, hauteur : 18 cm, profondeur : 12 cm
DIFFICULTÉ : 3/5

COMMENT FAIRE ?

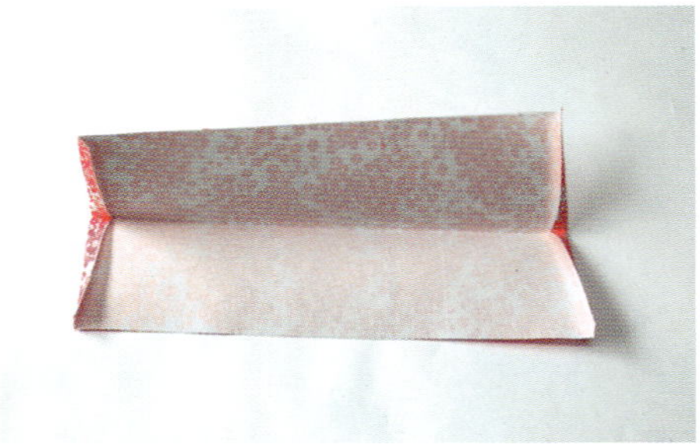

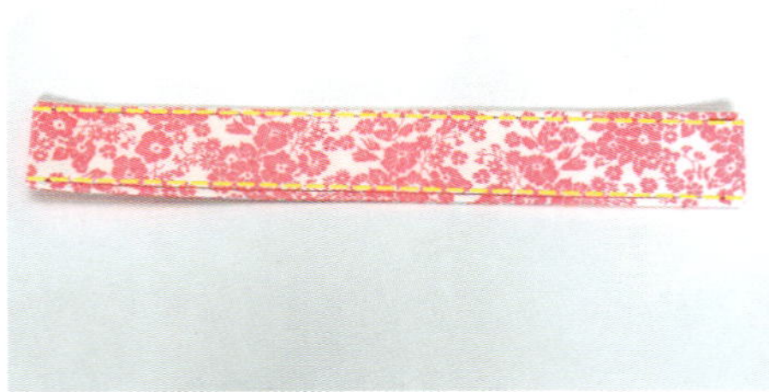

1

Pliez les 2 languettes qui serviront à ouvrir et fermez facilement la fermeture Éclair. Référez-vous à l'étape 2 de la page 52.

Faites un petit repli le long des 2 petits côtés de l'anse. Marquez au fer. Pliez en deux dans le sens de la longueur et marquez le pli.

2

Pliez chaque extrémité vers le centre, marquez au fer.

3

Pliez le tout en deux et surpiquez le long des 2 grands côtés. Votre anse est terminée.

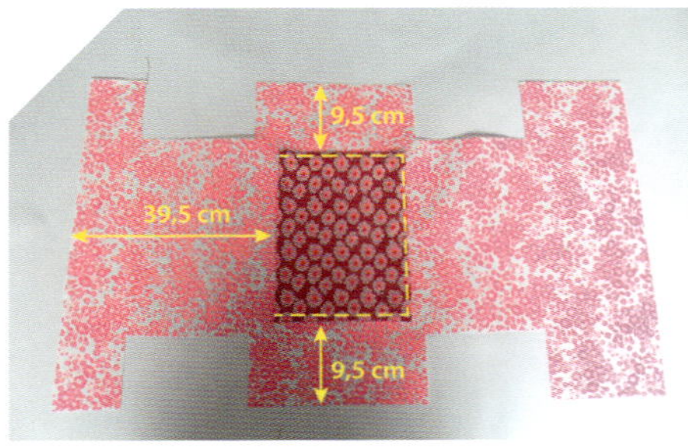

4

Placez endroit contre endroit les 2 pièces de poche. Épinglez et cousez le long des 4 côtés en laissant une ouverture au milieu du bas. Dégarnissez les angles.

5

Retournez la poche par l'ouverture. Sortez bien les angles en s'aidant d'une aiguille à tricoter ou d'une baguette chinoise. Repassez. Surpiquez le haut de la poche pour apporter de la tenue.

6

Placez la poche sur la pièce sur la doublure de la vanity (voir schéma page 118). Épinglez. Surpiquez le long des 3 côtés en insistant en haut de la poche.

7

Placez le zip comme sur la photo. Il est endroit contre endroit avec le tissu extérieur. Le tissu extérieur et doublure sont endroit contre endroit avec le zip pris en sandwich. Épinglez soigneusement.

8 ▲

Cousez le plus près du zip en s'aidant du pied spécial fermeture Éclair.

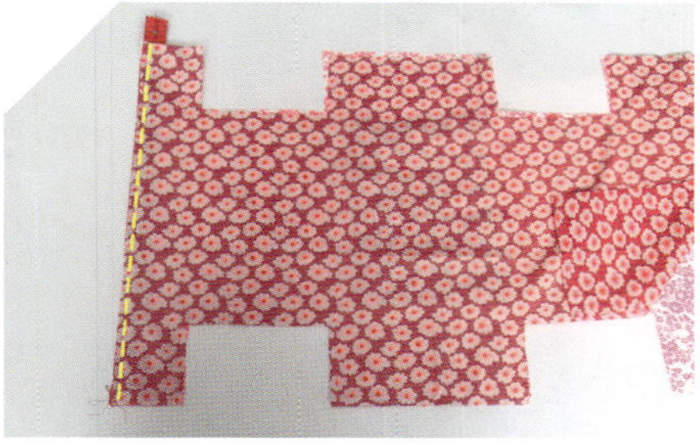

9 ▲

Voilà le résultat à cette étape.

10 ▲

Dépliez les tissus de manière à ce qu'ils soient envers contre envers. Repassez et surpiquez le long.

11 ◄

Repliez chaque tissu sur le zip. Répétez les étapes 7 à 10 avec l'autre côté du zip.

12 ◄

Voilà le résultat à cette étape. Ouvrez la fermeture sur la moitié (super important !).

13 ▲

Épinglez les tissus de manière à ce que les découpes se superposent correctement. Tissu extérieur sur tissu extérieur (endroit contre endroit). Faites de même avec la doublure.

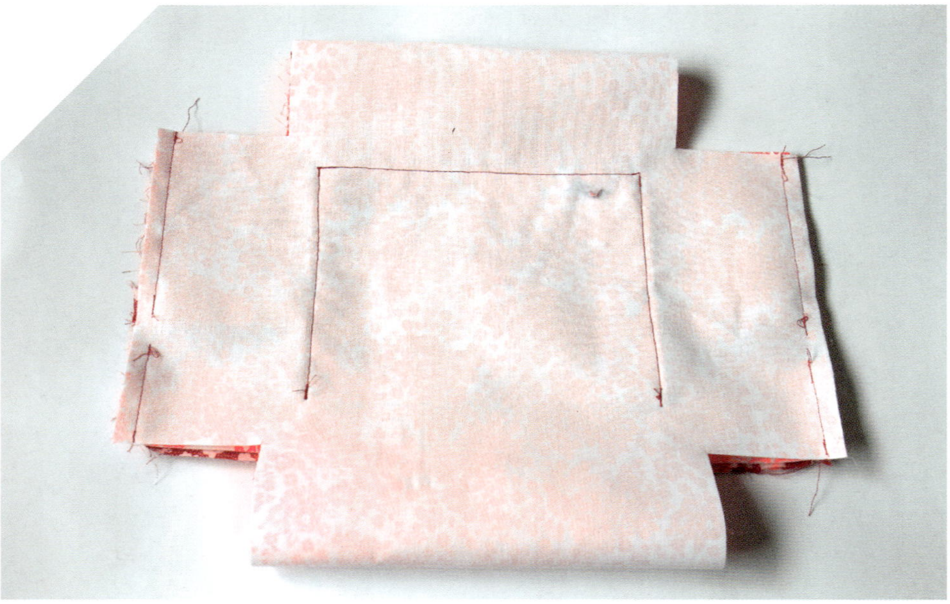

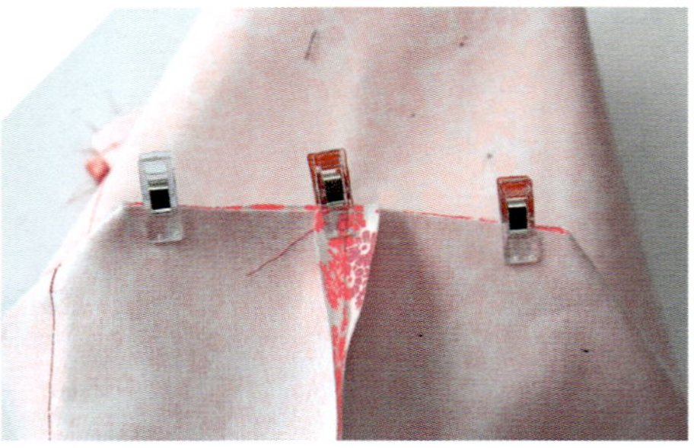

14

Cousez de part et d'autre jusqu'à la fermeture Éclair. Le tissu extérieur et la doublure sont cousus séparément.

15

Ouvrez chaque angle en plaçant la couture au centre. Épinglez.

16

Cousez le long. Vous êtes en train de former le fond du vanity.

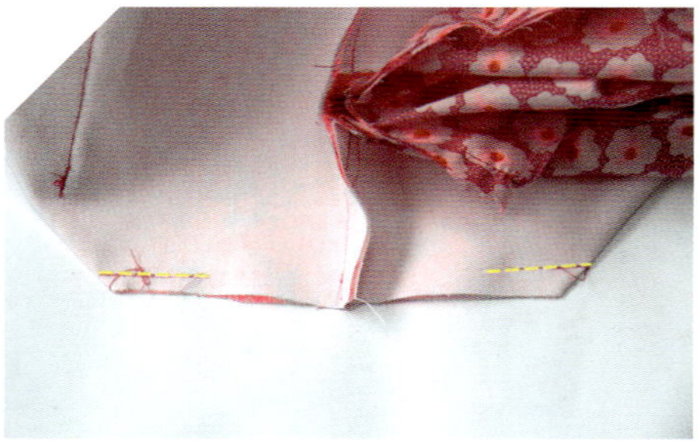

17

Faites de même avec tous les autres angles de la doublure et du tissu extérieur. Sur un angle de la doublure, laissez une ouverture de 8 cm pour retourner le tout à la fin de l'assemblage.

18

Retournez le vanity par l'ouverture laissée précédemment.

19

Placez les languettes de part et d'autre du zip, en les glissant dans les petites ouvertures.

20

Faites une surpiqûre à travers tout pour maintenir en places les languettes et fermez les ouvertures.

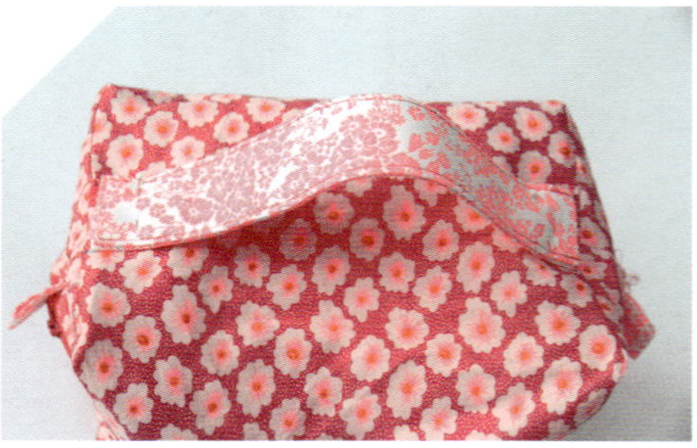

21

Épinglez l'anse sur le dessus du vanity, en la centrant. Épinglez et surpiquez à travers le tout pour plus de solidité. Vous pouvez réaliser un carré croisé (voir étape 26 page 42).
Fermez l'ouverture laissée dans la doublure avec des points à la main ou une couture machine.

LES VÊTEMENTS

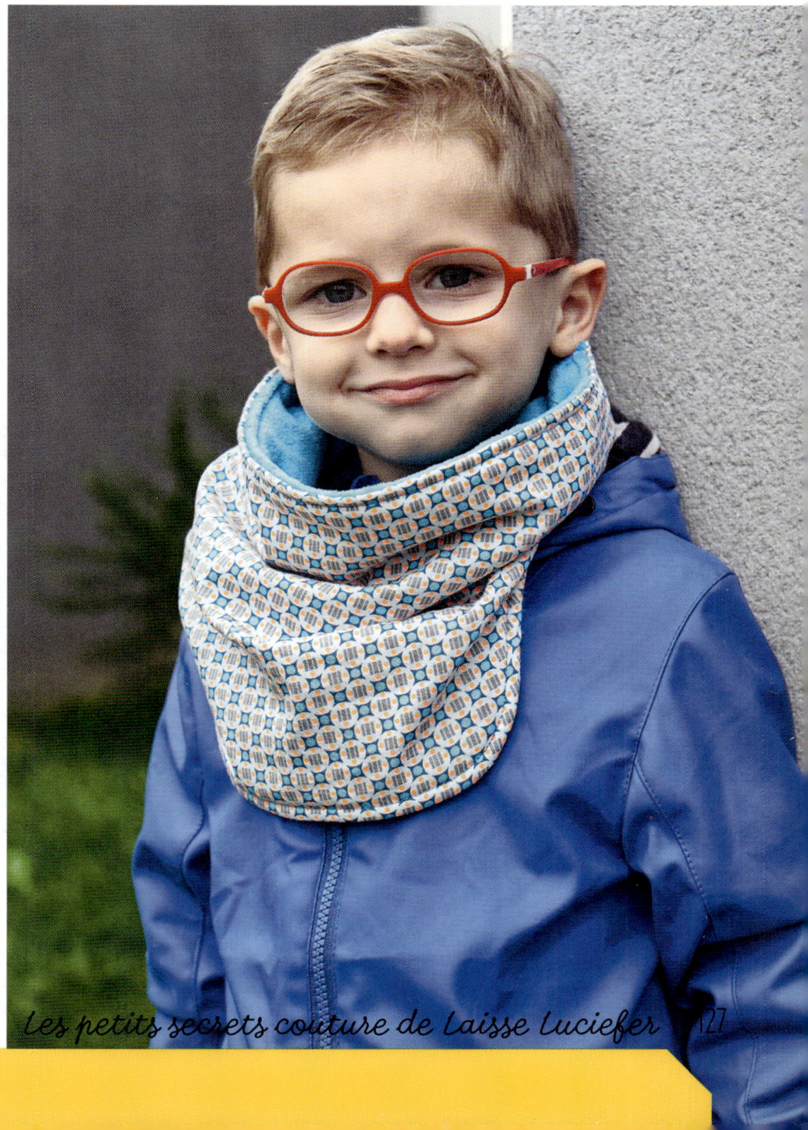

PANDORE
la jupe

Pandore est une jupette facile à réaliser, rapide et donc très satisfaisante. Ses finitions ne sont pour autant pas passées à l'as, la jupe est aussi belle à l'extérieur qu'à l'intérieur. De quoi combler les femmes et petites filles !

FOURNITURES

- Tissu fin et fluide type Liberty, batiste, viscose, modal, double gaze, jersey léger
- Un élastique souple de 2 cm de large

Astuce

Pour avoir une jupe légère et flatteuse, il faut choisir un tissu fin et souple qui favorise un tombé lourd (et limitera l'effet meringue pas forcément souhaité).

Avant de commencer...

Tailles :

Voici le tableau de mensurations pour choisir au mieux la taille.
Pour l'enfant, la jupe se portera sur la taille. Pour l'adulte, la jupe se portera sur les petites hanches (en position taille basse).

TAILLE ENFANT	6 mois	12 mois	18 mois	2 ans	3 ans	4 ans	5 ans	6 ans	7 ans	8 ans	9 ans
Stature (en cm)	68	74	80	86	98	104	110	116	122	128	134
Tour de taille	44	46	48	49	50	52	54	55	56	57	58

TAILLE ADULTE	32	34	36	38	40	42	44	46	48	50	52	54
Stature	170	170	170	170	170	170	170	170	170	170	170	170
Tour petites hanches	74	78	82	86	90	94	98	102	108	114	120	126

Patron et coupe :

ENFANT : couper 1 rectangle selon la taille choisie.

ENFANT	6 mois	12 mois	18 mois	2 ans	3 ans	4 ans	5 ans	6 ans	7 ans	8 ans	9 ans
Hauteur du rectangle	26	28	31	33	36	39	41	43	45	47	50
Largeur du rectangle	100	100	100	100	100	110	110	110	110	110	110
Longueur de l'élastique	42	44	46	47	48	50	52	53	54	55	56

ADULTE : couper 2 rectangles de tissu.
La stature de cette jupe est prévue pour 170 cm. Si vous mesurez 165 cm par exemple, vous enlèverez 5 cm à la hauteur des 2 rectangles à couper.

ADULTE	32	34	36	38	40	42	44	46	48	50	52	54
Hauteur du rectangle (à couper 2 fois)	49	49.5	50	50.5	51	51.5	52	53	54	55	56	57
Largeur des rectangles	70	73	77	80	84	88	91	95	100	106	111	116
Longueur de l'élastique	72	76	80	84	88	92	96	100	106	112	118	124

Patrons sur mesure :

Pour avoir une version sur-mesure et vous sentir l'âme d'un grand couturier, il vous faudra mesurer :
- le tour de taille (pour enfant) ou petites hanches (pour adulte)
- la hauteur de la jupe souhaitée

Découpe du/des rectangles de tissu à couper :
- hauteur : hauteur de la jupe souhaitée + 7 cm
- largeur : tour de taille ou petites hanches x [1,5 à 2] (pour un rendu plus ou moins bouffant)
- longueur de l'élastique : tour de taille ou petites hanches - 2 cm

Techniques :

- Page 20 : patronner, couper le tissu et thermocoller
- Page 12 : astuces Couture
- Page 24 : la couture anglaise

TAILLES :
Voir le tableau page 128

DIFFICULTÉ : 1/5

COMMENT FAIRE ?

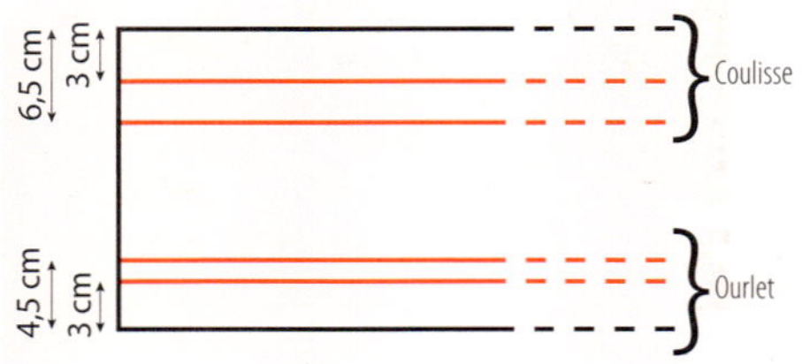

1 ▲

Sur l'envers de votre (ou vos) rectangles de tissu, tracez ces 4 lignes sur toute la longueur. Ces lignes vous permettront de plier facilement et régulièrement l'ourlet ainsi que la coulisse pour y passer l'élastique.

2 ▲

Pliez le tissu sur la 1ère ligne puis sur la seconde afin de faire un double repli vers l'envers du tissu. Marquez le tout au fer à repasser. Faites la même chose de l'autre côté. On obtient un ourlet de 1,5 cm au bas du tissu et une coulisse de 2,5 cm en haut. Épinglez tout le long.

3 ▲

Dépliez au niveau des côtés. Assemblez le ou les rectangles sur les côtés avec des coutures anglaises (page 24).

4 ▲

Marquez de nouveau l'ourlet et la coulisse au niveau de la ou les coutures anglaises avec le fer à repasser.

5 ▲

Libérez le bras libre de la machine et cousez le long de la coulisse de l'élastique à 1 mm du bord. Laissez une ouverture de 4 cm pour pouvoir y passer l'élastique.

6 ▲

Faites de même au niveau de l'ourlet sans laisser d'ouverture. L'ourlet peut être fait au dernier moment pour adapter au mieux la longueur de la jupe.

7 ▲

Voilà le résultat des surpiqûres.

8 ▲

Glissez l'élastique dans l'ouverture laissée à l'étape 5 dans la coulisse et faites-le avancer. J'utilise ici un passe-lacet. Une épingle à nourrice fera l'affaire.

9 ▲

Sortez les extrémités de l'élastique. Attention à ce qu'il ne vrille pas !

10

Placez les extrémités de l'élastique endroit contre endroit et cousez à 1 cm en faisant plusieurs allers-retours pour rendre la couture solide. Essayez la jupe à cette étape afin de resserrer l'élastique si besoin.

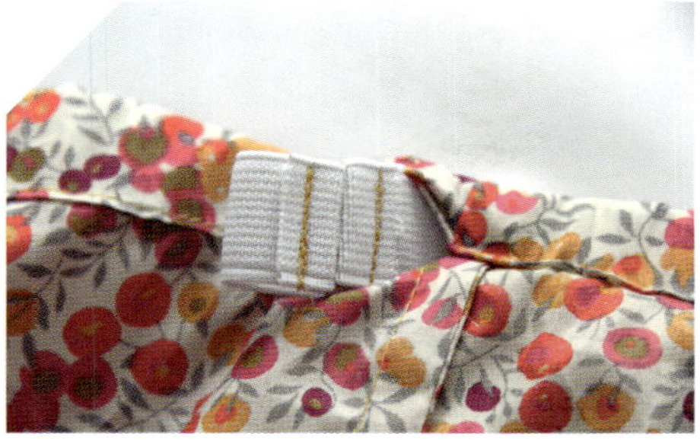

11

Ouvrez la couture de l'élastique et rabattez chaque côté en le maintenant par une couture. L'élastique est donc bien à plat.

12

Tirez l'élastique pour le faire rentrer dans la coulisse.

13

Piquez l'aiguille 1 cm avant le début de l'ouverture. Avec les 2 mains, tirez le tissu devant et derrière l'aiguille afin de tendre l'élastique et cousez pour fermer l'ouverture (en veillant à ne pas coudre l'élastique en même temps). La jupe est finie !

ELECTRE
la robe salopette

Electre est la petite robe salopette passe-partout, à porter avec ou sans tee-shirt. Cette version réversible vous permettra de réaliser 2 robes en une. De quoi ravir n'importe quelle petite fille et garnir sans en avoir l'air sa garde-robe.

FOURNITURES

- Cotonnade (popeline, batiste), tissu plus épais (ameublement), velours, lainage fin (Prévoir 2 tissus différents)
- 2 pressions (pas de boutons car la robe ne serait plus réversible)
- *Facultatif :* 1m50 de passepoil

Astuce

Cette robe peut se réaliser en jersey de poids moyen, matelassé, molleton ou sweat pour les saisons froides. Par contre, ne mixez pas tissus extensibles et non extensibles, l'assemblage n'en sera que trop périlleux.

Avant de commencer...

Tailles :

Afin de choisir au mieux la taille, mesurez le tour poitrine de votre modèle.

Astuce : si les mensurations de l'enfant sont entre 2 tailles, il suffit de tracer une ligne entre les traits représentant les deux tailles du patron.

En cm	6 mois	1 an	2 ans	4 ans	6 ans	8 ans	10 ans	12 ans
Poitrine enfant	47	49	53	57	62	68	72	76
Poitrine vêtement fini	45	52	56	62	66	70	76	80
Stature	75	80	90	104	116	128	140	146-152

Métrage :

Laize de 110 cm et plus	6 mois	1 an	2 ans	4 ans
Métrage tissu robe en cm	45	50	55	60

Laize de 140 cm et plus	6 ans	8 ans	10 ans	12 ans
Métrage tissu robe en cm	65	70	75	80

Patron et coupe :

Planche : **B** (2 pièces)

Techniques :

- Page 20 : patronner, couper le tissu et thermocoller
- Page 12 : astuces Couture
- Page 31 : poser une pression
- Page 25 : personnaliser sa création
- Page 22 : poser du passepoil

TAILLES :
Voir le tableau page 132
DIFFICULTÉ : 2/5

Robe Electre en sweat, passepoil rouge, avec un appliqué « ailes d'ange » (plus d'infos page 26).

COMMENT FAIRE ?

1

Positionnez les pièces dos et devant du même tissu endroit contre endroit. Épinglez le long des côtés et cousez à 1 cm du bord.

2

Ouvrez les 2 coutures au fer à repasser.

3

Reproduisez les étapes 1 et 2 avec le second tissu.

4

Facultatif : posez du passepoil le long des emmanchures, bretelles, encolures devant et dos sur l'un des 2 tissus (page 23). Faites un raccord au niveau de l'aisselle pour que ce soit discret. Crantez les arrondis.

5

Glissez les robes l'une dans l'autre endroit contre endroit. Épinglez le long des emmanchures, bretelles et encolures dos et devant. Si vos coupes et coutures ont été bien faites, tout tombe nickel. Si ce n'est pas le cas, jouez un peu en élargissant ou rétrécissant les coutures de côtés, cet arrangement restera entre nous.

6

Cousez tout le long. Si vous avez choisi de poser du passepoil (étape 4), cousez en suivant la couture de fixation du passepoil. Sinon cousez normalement en respectant la marge de couture.

7

Crantez soigneusement les arrondis (bretelles, encolures, emmanchures) et dégarnissez-les légèrement (pour éviter les sur-épaisseurs).

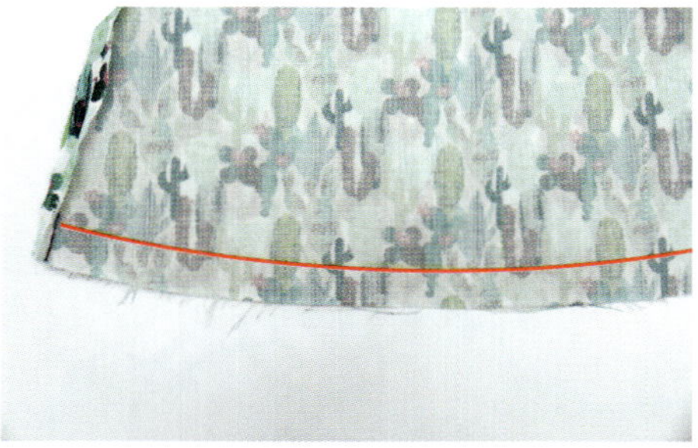

8 ▲

Tracez une ligne au verso des « 2 robes » à 2 cm du bas. Cette ligne va vous aider à faire un repli régulier de 1 cm.

9 ▲

Pliez l'extrémité du tissu sur la ligne et repassez. Vous avez ainsi un repli net et régulier.

10 ▲

Retournez les robes par le bas et faites sortir tous les angles et/ou arrondis. Vous pouvez vous aider d'une aiguille à tricoter ou une baguette chinoise. Rentrez l'un des tissus dans l'autre. Super, votre robe ressemble à une robe ! Repassez soigneusement les encolures et emmanchures. Superposez les 2 replis précédents et épinglez tout le long.

11 ▲

Faites une surpiqûre à 3-4 mm du bord pour fermer votre robe et maintenir en place les replis.

12 ▲

Posez les pressions. L'idéal est de faire essayer la robe à votre modèle et de marquer les emplacements des pressions, l'ajustement sera parfait. Sinon, mettez les pressions à 2 cm du haut des bretelles et de l'encolure devant. Votre robe est terminée et vous en avez 2 pour le prix d'une !

ICARE
le chèche

Le chèche est un accessoire tendance qui accompagnera votre famille tout au long de l'année. Tel Icare, vous pourrez voler vers le soleil avec classe et en évitant les courants d'air !

FOURNITURES

- [60/80/110/130] cm (bébé/enfant/adulte/Maxi) de tissu fin et fluide type viscose, modal, baptiste, lange, simple ou double gaze, soie, jersey léger
- Pour les pompons : 2 échevettes de fil à broder de 8 m

Astuce

Vous pouvez décorer Icare avec des pompons, des breloques, du galon, de la dentelle...

Avant de commencer...

Tailles :

TAILLE	Dimensions finales en cm
Bébé	58 x 58
Enfant	78 x 78
Adulte	108 x 108
Maxi	128 x 128

Découpe :
Couper un carré de 60 / 80 / 110 / 130 cm (Bébé / Enfant / Adulte / Maxi) de côté dans votre tissu.

Techniques :
- Page 12 : astuces Couture
- Page 20 : patronner, couper le tissu et thermocoller

TAILLES et DIMENSIONS :
Voir le tableau page 136

DIFFICULTÉ : 1/5

COMMENT FAIRE ?

Réalisation d'un pompon :

1 ▲

Coupez un morceau de carton de 5 cm de large.

2 ▲

Laissez 10 cm de fil puis enroulez le reste autour du carton en faisant environ 35 tours superposés et relativement serrés. Finissez avec un morceau de fil de 10 cm de long et coupez le surplus.

3 ▲

Nouez les 2 liens avec un double nœud.

4 ▲

Passez l'un des brins en dessous.

5 ▲

Glissez l'extrémité du brin dans la boucle formée.

6 ▲

Tirez doucement en remontant le nœud jusqu'en haut. Répétez l'opération une seconde fois. Finissez par nouer les 2 brins par un double nœud.

7 ▲

Glissez le pompon le long du carton.

8 ▲

Avec une paire de ciseaux, coupez en deux les brins.

9 ▲

Coupez un brin de 20 cm de la même couleur ou d'une couleur contrastante. Nouez solidement les extrémités au plus haut pour former la tête du pompon.

10

Faites 4 tours très serrés autour du pompon puis faites un double nœud avec les 2 brins. Coupez à ras.

11

Facultatif : agrémentez le pompon de perles ou breloques en vous aidant d'une aiguille à coudre pour l'enfilage.

Couture du chèche :

1

Pliez le carré de tissu endroit contre endroit de manière à former un triangle. Épinglez le long des 2 côtés.

2

Placez un pompon dans chaque angle. Laissez 5 cm de fil entre l'angle et le pompon. Maintenez les fils dans l'angle par une pince ou une épingle. Faites de même avec les 2 autres pompons.

3

Cousez le long des 2 côtés du triangle à 1 cm du bord en laissant une ouverture de 10 cm au milieu d'un côté. Au niveau des angles, arrêtez-vous 2-3 millimètres avant l'angle de manière à ne pas coudre les fils du pompon. Quand la couture est terminée, tirez doucement sur les fils des pompons afin de les rapprocher au maximum des angles. Cousez les fils des pompons sur le surplus de couture.

4

Retournez le chèche par l'ouverture laissée au milieu d'un des côtés.

5 ▲

Placez correctement les tissus au niveau des 3 côtés du chèche, épinglez et repassez. Fermez l'ouverture avec quelques points à la main.

6 ▲

Surpiquez les 3 côtés à 5 millimètres du bord. La surpiqûre va apporter de la tenue au chèche.

7 ▲

Version Alternative. Il est possible de coudre un galon à pompons, croquet ou passepoil. Pour cela, à l'étape 1 page 139, posez le galon sur 2 côtés du carré du tissu à 1 cm du bord. Reprenez à partir de l'étape 12 en utilisant la couture de fixation du galon comme guide.

8 ▲

Voici le résultat avec un galon à pompons (j'ai arrondi l'angle pour faciliter la pose).

Le chèche blanc est réalisé en triple gaze de bambou et le chèche rouge en double gaze de coton.

NARCISSE
le snood

Le tour de cou (appellé snood) a envahi les cours de récré. Il faut avouer que c'est bien plus sécurisant qu'une écharpe et plus pratique à enfiler par les enfants. De par sa forme étudiée, le snood Narcisse couvrira correctement le cou même si le manteau n'est pas fermé jusqu'en haut. Mais les adultes n'ont pas à s'en priver, le snood est chaud, esthétique (vous allez user le miroir à vous regarder dedans) et facile à enfiler. Je vous propose de quoi couvrir correctement le cou de toute la famille et faire barrage au courant d'air !

FOURNITURES

- Tissu extérieur : 25 / 30 / 35 cm [2-5 ans / 6-12 ans / adulte] de cotonnade ou tissu extensible (jersey, sweat)
- Doublure : 30 / 35 / 40 cm [2-5 ans / 6-12 ans / adulte] de tissu doux et moelleux type polaire, minkee, doudou, molleton, sweat.

Mon conseil : utiliser de la douillette (encore appelée doudou ou teddy) la plus épaisse possible qui donnera la meilleure tenue et confort au snood

Avant de commencer...

Patron et coupe :
Planche : **A** (1 pièce)

Techniques :
- Page 12 : astuces Couture
- Page 20 : patronner, couper le tissu et thermocoller

Astuce

La couture des tissus moelleux est facilitée par le pied de biche à double entrainement (page 15).

Remarque

Adaptez votre snood à la saison en utilisant par exemple un jersey léger comme doublure pour le printemps ou les activités sportives.

TAILLES :
Il y a 3 tailles différentes :
2-5 ans, 6-12 ans
et adulte.

DIFFICULTÉ : 1/5

COMMENT FAIRE ?

1

Coupez la pièce du snood uniquement dans le tissu extérieur.

2

Placez votre doublure vers vous et superposez votre tissu extérieur, endroit contre endroit. Coupez la doublure grossièrement pour faciliter sa manipulation.

3

Épinglez tous les 2 cm le long des 2 grands côtés.

4

Cousez SUR les épingles le long des 2 grands côtés à 1 cm du bord du tissu extérieur. Laissez une ouverture de 6 cm au milieu du haut (pour pouvoir retourner l'ouvrage). Retirez les épingles.

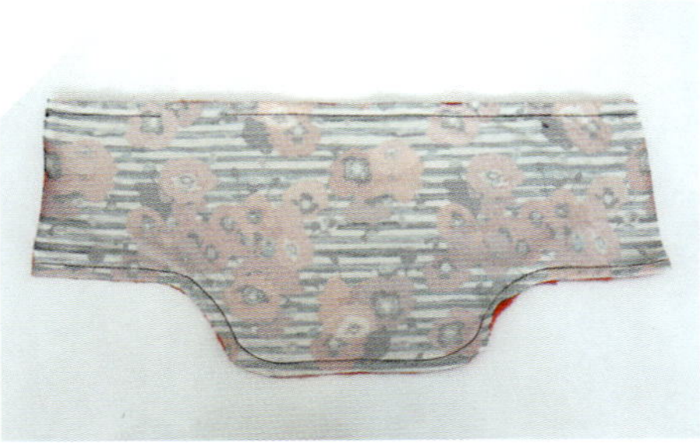

5

Coupez le surplus de doublure et crantez les arrondis.

6

Retournez par l'un des 2 petits côtés. On obtient un tube.

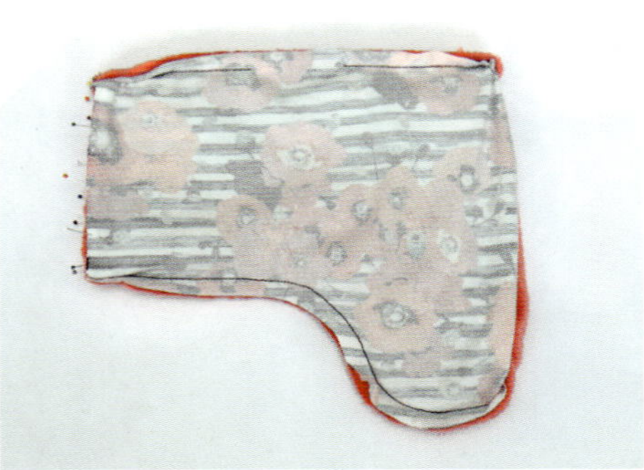

7

Retournez le tube sur lui-même sur la moitié, les tissus se retrouvent endroit contre endroit.

8

Superposez les coutures de côtés et épinglez soigneusement.

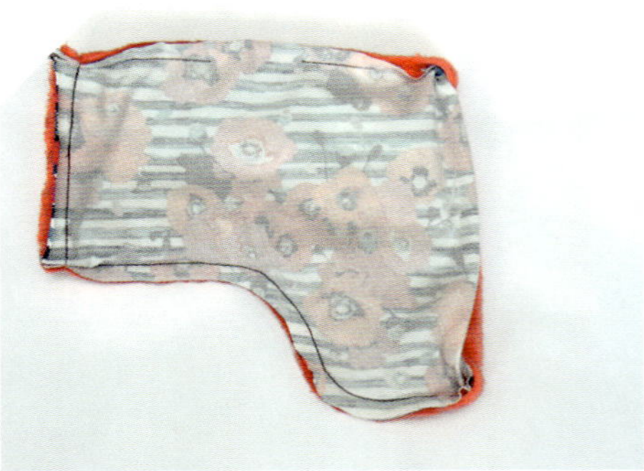

9

Libérez le bras libre de la machine, glissez-y le snood et cousez autour à 1 cm du bord.

10

Retirez les épingles et retournez l'ouvrage par l'ouverture laissée à l'étape 4.

11

Fermez l'ouverture à la main (page 13). Positionnez correctement les tissus et épinglez tout le long, en haut et en bas du snood.

12

Surpiquez à 1 cm du bord. Cette étape évitera que les tissus ne glissent au fur et à mesure des enfilages et permettra de conserver la jolie forme du snood.

NÉMÉSIS
la robe

Avec ses fronces, son dos décolté et boutonné, Némésis est la petite robe chic par excellent. À porter toute l'année, avec ou sans tee-shirt dessous, vous la déclinerez encore et encore.

FOURNITURES

- Cotonnade (popeline, baptiste, cretonne, jean ou velours souple, chambray, tencel, viscose)
- 2 à 5 pressions (ou boutons)
- *Facultatif :* 1m50 de passepoil

Avant de commencer...

Mensurations :

Pour une robe adaptée à l'enfant, référez-vous aux tableaux suivants en fonction de la mesure poitrine et de la stature de l'enfant.

En cm	1 an	2 ans	3 ans	4 ans	5 ans	6 ans	7 ans	8 ans	9 ans	10 ans	12 ans
Poitrine enfant	49	53	55	57	60	62	66	68	70	72	76
Poitrine vêtement fini	51	57	59	62	65	66	71	73	75	76	81
Stature	80	90	98	104	110	116	122	128	134	140	146-152

Métrage :

Laize de 140 cm	1 an	2 ans	3 ans	4 ans	5 ans
Métrage tissu jupe	35	40	40	40	40
Métrage tissu corsage	25	25	25	30	30
Métrage doublure corsage	25	25	25	30	30

Laize de 140 cm	6 ans	7 ans	8 ans	9 ans	10 ans	12 ans
Métrage tissu jupe	45	100	100	110	110	110
Métrage tissu corsage	35	35	35	40	40	40
Métrage doublure corsage	35	35	35	40	40	40

Patron et coupe :

Planche : **A** (3 pièces)

Au niveau du corsage, vous avez le choix entre une robe sans manches ou avec des mancherons qui couvriront délicatement les épaules.
Découpez les corsages dos et devant en suivant les pointillés (pour les mancherons) ou la ligne pleine (pour une robe sans manches).

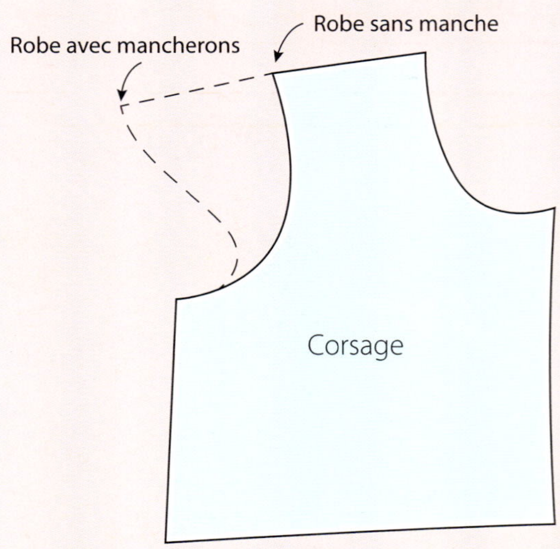

Techniques :

- Page 12 : astuces Couture
- Page 20 : patronner, couper le tissu et thermocoller
- Page 21 : explications sur la coupe du patron de la robe Némésis
- Page 22 : poser du passepoil
- Page 18 : faire des fronces
- Page 24 : la couture anglaise

TAILLES :
Voir le tableau page 146
DIFFICULTÉ : 3/5

COMMENT FAIRE ?

1 ▲

Coupez les pièces de la robe et reportez tous les repères sur le tissu.

2 ▲

Assemblez les corsages devant et dos par les épaules. Faites de même avec la doublure.

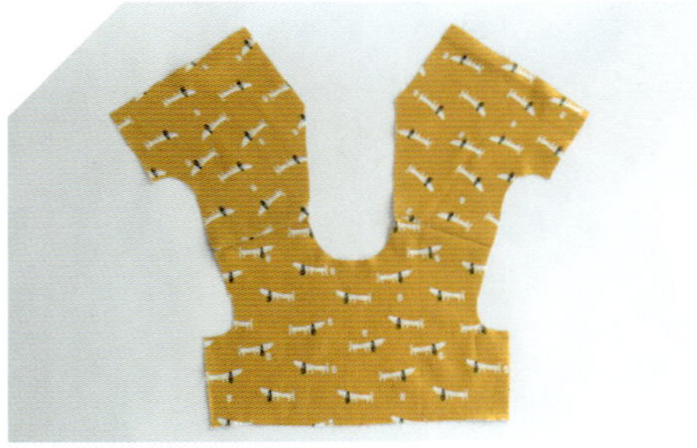

3 ▲

Ouvrez les coutures d'épaules au fer à repasser.

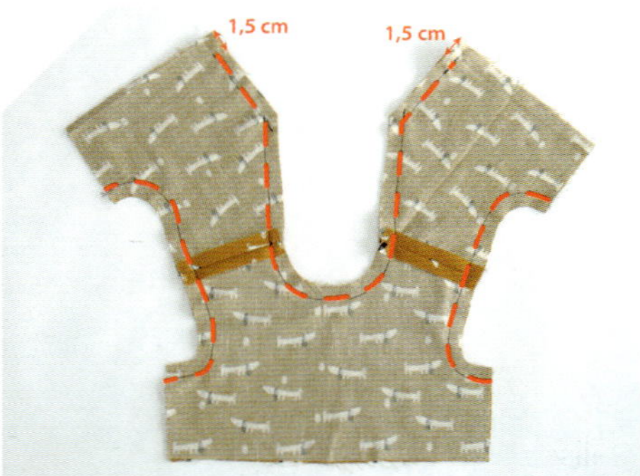

4 ▲

Positionnez les 2 corsages (tissu et doublure) endroit contre endroit, épinglez. Cousez le long de l'emmanchure, encolure et milieu dos en s'arrêtant à 1,5 cm du bord. Les 4 côtés sous l'emmanchure ne sont pas cousus.

5 ▲

Dégarnissez les angles et crantez les arrondis pour avoir des formes nettes une fois retournées.

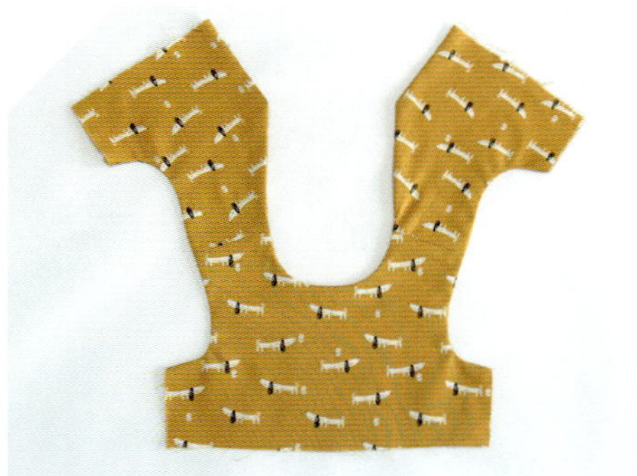

6 ▲

Retournez les 2 demi-dos par le corsage devant. Repassez soigneusement.

7 ▲

Positionnez les 2 côtés sous l'emmanchure endroit contre endroit en ouvrant et alignant les coutures centrales. Cousez le long. Faites de même de l'autre côté. Repassez.

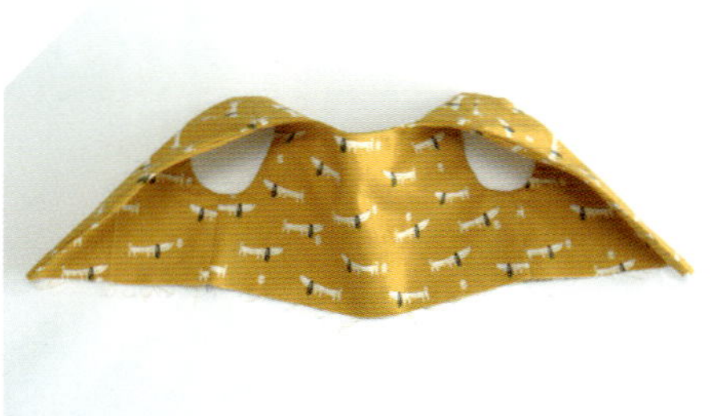

8 ▲

Le corsage est terminé. Une bonne chose de faite !

9 ▲

Faites un repli de 1 cm sur l'envers de la doublure du corsage. Marquez au fer à repasser. Pour faire un repli régulier, je trace une ligne sur le revers à 2 cm du bord et je plie mon tissu sur cette ligne.

Astuce

Si vous souhaitez positionner du passepoil sur le corsage, c'est le moment de le faire. Cousez le passepoil le long du corsage (tissu extérieur) en faisant 2 rentrés à chaque extrémité pour une finition propre (étape 6 page 23).

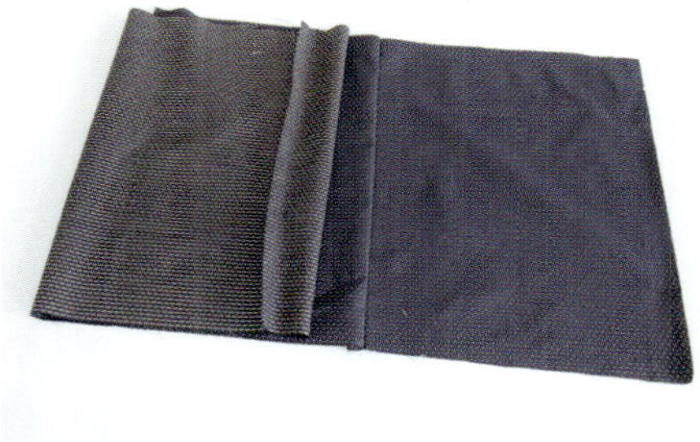

10

Assemblez les demi-jupes dos avec la jupe devant par les côtés en réalisant des coutures anglaises (page 24). Le milieu dos n'est pas cousu.

11

Tracez une ligne à 3 cm sur l'envers d'un milieu dos ainsi qu'un repère à 5 cm du bord supérieur. Mettez les tissus endroit contre endroit et cousez le long de la ligne en vous arrêtant au repère.

12

Couchez la couture sur un côté et faites un repli du surplus de couture jusqu'à la ligne de couture précédente. Marquez au fer.

13

Ouvrez de nouveau la couture au fer et surpiquez à 1-2 mm du bord.

14

Répétez l'opération de l'autre côté.

15

Réalisez des fronces (page 18) sur les 3 sections de la jupe (devant et les 2 demi-dos). Faire 3 sections de fronces permet de mieux gérer leur répartition.

16

Froncez jusqu'à obtenir la longueur exacte du corsage.

17

Épinglez la jupe froncée sur le tissu extérieur du corsage endroit contre endroit. Faites correspondre les coutures de côtés, le milieu de la jupe devant et les milieux dos de la jupe et du corsage. La doublure du corsage n'est pas cousue à cette étape..

18

Cousez le long du corsage. Si vous avez opté pour du passepoil, utilisez sa couture de fixation comme guide. Enlevez les fils de fronces.

19

Sur l'envers de la robe, rabattez la doublure du corsage vers l'intérieur de la robe. Le rentré de la doublure doit recouvrir la couture précédente d'1 mm. Épinglez soigneusement.

20

Fixez la doublure sur la jupe afin de cacher les surplus de couture. Pour ce faire, 2 méthodes : une couture à la main avec des points invisibles (page 13, un peu long mais finition ++, mon choix ici) ou une surpiqûre machine à 2 mm au-dessus de la taille (rapide mais ajoute une couture visible).

21

Faites un ourlet à double repli (3 cm au total).

Astuce

Tracez une ligne à 3 cm du bord sur l'envers, faites un premier repli sur cette ligne (il mesure donc 1,5 cm). Puis repliez une seconde fois.

22

Tracez une ligne à 2 cm sur l'un des milieux dos du corsage.

23

Superposez l'autre demi-dos le long de cette ligne et épinglez.

24

Fixez une première pression à 1 cm du haut, une seconde à 1 cm au-dessus de la taille et les autres de manière régulière sur le corsage (écart de 4 à 5 cm).

ORION
le bob réversible

Fidèle compagnon des journées ensoleillées, le bob Orion protégera la tête de vos enfants. Orion est un bob réversible qui pourra se porter d'un côté comme de l'autre. De quoi changer facilement de look, ni vu ni connu.

FOURNITURES

- 20 cm de cotonnade, tissu plus épais (ameublement), coton enduit ou ciré (chapeau de pluie) pour le tissu extérieur et la même chose pour la doublure
- 20 cm de thermocollant moyen (type Vlieseline H200)

Astuce

Coudre des formes rondes demande beaucoup de minutie. Prenez donc votre temps. N'hésitez pas à découdre sur quelques cm et recoudre si des plis se forment. Le secret de la réussite : ÉPINGLER abondamment et coudre SUR les épingles.

Avant de commencer...

Tailles :

Je vous propose plusieurs tailles. Pour la choisir au mieux, aidez-vous du tableau de mensurations suivant :

Tranche d'âge	Tour de tête en cm
Naissance - 3 mois	39
6 mois - 1 an	45
2 ans - 5 ans	51
6 ans - 8 ans	53
9 ans - 12 ans	57

Remarque : le tour de tête se mesure en passant au milieu du front et juste au-dessus des oreilles. Si vous êtes entre 2 tailles, prenez la taille supérieure.

Patron et coupe :

Planche : **A** (3 pièces)

Techniques :

- Page 12 : astuces Couture
- Page 20 : patronner, couper le tissu et thermocoller
- Page 25 : personnaliser sa création

Remarque

Le bob étant réversible, il est difficile d'appeler l'un des tissus « doublure ». Dans ce tuto, j'utilise donc le terme doublure pour le tissu qui sera thermocollé.

TAILLES :
Voir le tableau page 152
DIFFICULTÉ : 2/5

COMMENT FAIRE ?

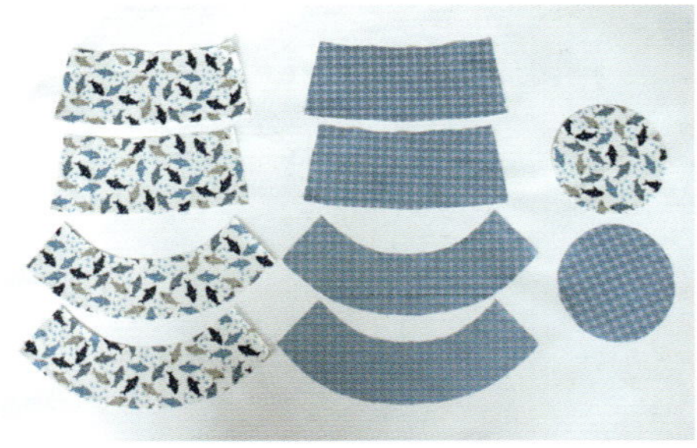

1

Coupez les pièces du bob dans vos 2 tissus.

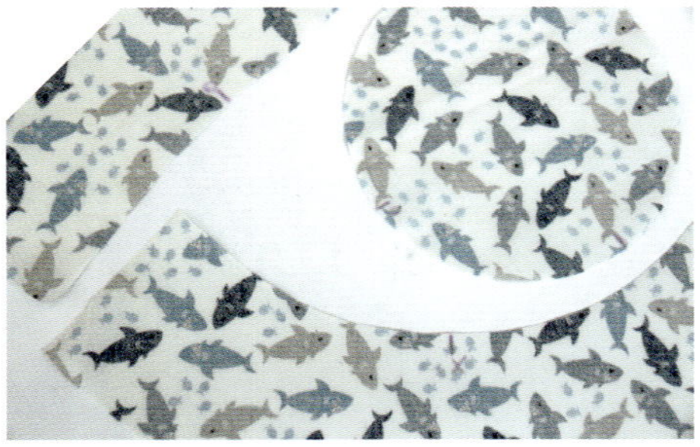

2

Reportez bien tous les repères d'assemblage présents sur le patron.

3

Appliquez le thermocollant sur toutes les pièces d'un des tissus.

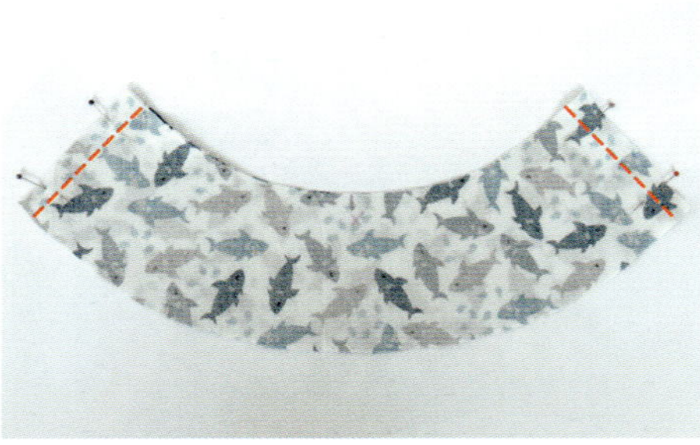

4

Positionnez les pièces visières du tissu extérieur endroit contre endroit. Épinglez et cousez le long des 2 côtés à 1 cm du bord.

5

Ouvrez les coutures au fer à repasser.

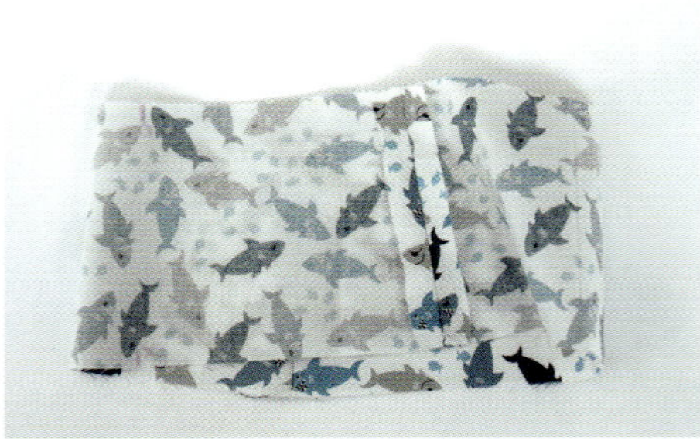

6

Répétez les étapes 4 et 5 avec les pièces « côté ».

7

Positionnez le fond et le côté du bob endroit contre endroit. Faites correspondre les repères O et les coutures de côtés. Épinglez aux 4 endroits.

8

Épinglez ensuite tous les 1,5 cm sur tout le tour. N'hésitez pas à jouer avec le tissu pour faire correspondre les pièces (tendre ou laisser un peu de « mou »).

9

Cousez à 1 cm en suivant l'arrondi et en laissant les épingles. Il est plus facile de maîtriser la naissance de plis quand la pièce de côté du bob est directement sous le pied de biche. Si des petits plis se sont formés par mégarde, décousez 2 cm avant et après, épinglez et cousez de nouveau en tirant sur les tissus.

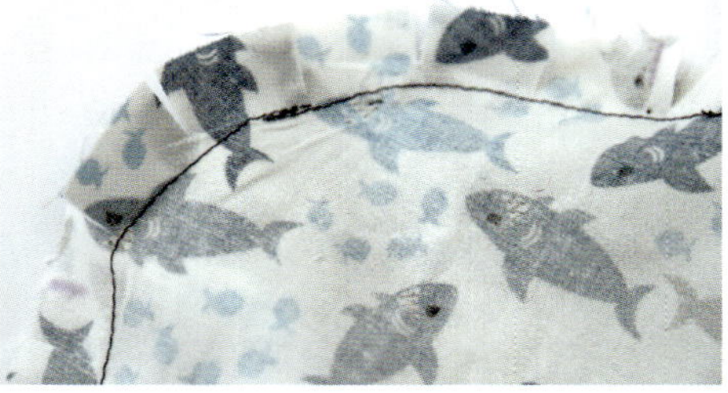

10 ▲

Crantez le surplus de couture tous les 1,5 cm environ.

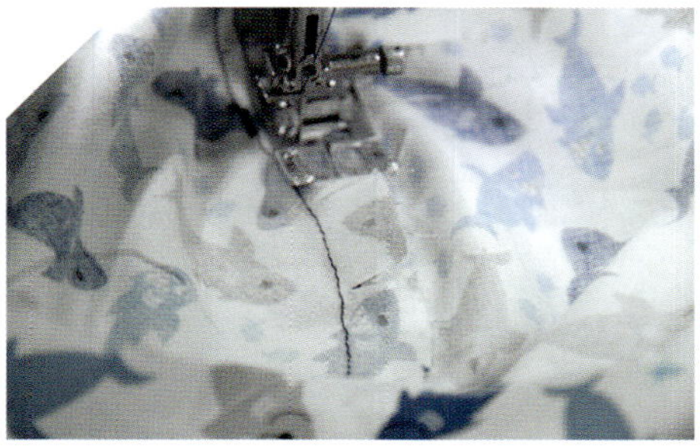

11 ▲

Sous-piquez en rabattant le surplus de couture vers le côté du bob sur l'envers. Maintenez le tout par une surpiqûre à quelques millimètres de la couture.

12 ▲

Voici le détail de la sous-piqûre sur les côtés du bob.

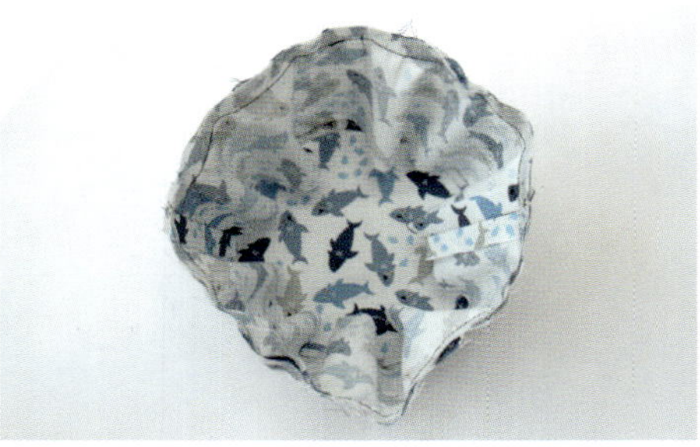

13 ▲

Positionnez la visière et le côté du bob endroit contre endroit. Faites correspondre les coutures de côté et les repères X entre eux. Épinglez aux 4 repères puis tous les 1,5 cm. Cousez le long (pour plus de facilité, la visière doit être directement sous le pied de biche).

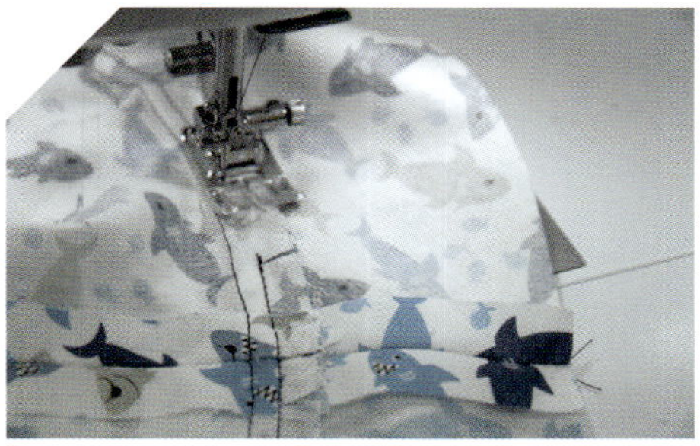

14 ▲

Crantez le surplus de couture et sous-piquez en rabattant le tout du côté de la visière. Surpiquez.

15 ▲

À ce niveau, vous obtenez un bob.

16 ◀

Reproduisez les étapes 4 à 14 avec la doublure. Vous obtenez 2 bobs identiques.

17 ▲

Retournez l'un des bobs et placez-les l'un dans l'autre, endroit contre endroit. Faites correspondre les coutures de côtés et les repères centraux des visières. Épinglez soigneusement.

18 ▲

Cousez le long de la visière en laissant une ouverture de 6 cm environ.

19 ▲

Crantez le surplus de couture.

20 ◀

Retournez le tout par l'ouverture laissée à l'étape 18.

21 ▲

Placez les bobs l'un dans l'autre. Repassez la visière afin de bien placer les tissus. Faites 2 replis de 1 cm vers l'intérieur au niveau de l'ouverture et épinglez.

22 ▶

Surpiquez autour de la visière. Vos tissus ne bougeront plus et l'ouverture sera refermée.

FOURNISSEURS

Certaines boutiques m'ont soutenue et aidée à réaliser ce livre.
Quel bonheur de pouvoir choisir des tissus merveilleux qui donnent vie aux créations de ce livre.

Lulu La Luciole

Lulu La Luciole est une boutique internet toute récente qui vient de souffler sa 1re bougie. Vous y trouverez des pépites que vous convoiterez, que vous commanderez avant de vous extasier sur une nouveauté le jour suivant. Marie, sa gérante, n'a de cesse de chercher et dénicher des marques au design original et rares sur le marché. Amoureuse des couleurs et des motifs, ses tissus sont comme elle : passionnés et passionnants.

Coton, jersey, matelassé, double gaze, viscose, caban..., tous les types de tissus y sont représentés. Vous trouverez aussi votre mercerie, fil et accessoires en tout genre.

Allez jeter un œil et préparez-vous à rêver : https://lululaluciole.com

Stragier

Stragier est une boutique de tissus Belge ayant pignon sur rue et un site internet d'e-commerce de grande envergure. Vous trouverez de tout dans ce lieu de perdition : coton, doublure, stretch, tissus nobles et de luxe, fausse fourrure, mercerie...

Il est impossible de parler de Stragier sans aborder le Liberty of London. Véritable référence dans le domaine, Stragier propose le plus grand choix de Liberty possible. Les Liberty classiques côtoient les exclusivités, enduits, métallisés, velours, jersey, soie et pure laine. Au total, plus de 1100 références.

Le site met en avant première chaque semaine des tissus à prix réduit et le « Liberty de la semaine ». De quoi avoir envie de fureter des heures durant.

En route vers la caverne aux merveilles : https://www.stragier.com

Pour celui qui demande, ma machine à coudre est une Janome S5 que j'utilise depuis 1 an maintenant et que j'adore.